走進老地方的時光機

台灣巷弄祕境的前世今生

地方賊 著

CONTENTS

輯

2

撲火
與城鄉一起墮落

輯 3

回音
擁抱記憶裡的痕跡

輯

4

復返
來往間，我終將成為……

【自序】
讓地方的故事不斷流動

一本書能夠出版，對我來說，不是一件簡單的事。我的文字是其次，最重要是編輯及行銷的幫忙，還有身邊一直鼓勵我的朋友。他們知道我是很內耗、又沒什麼自信的人，所以殘酷地幫我設定了一個日期。雖然這對開始轉向創作而需要耗費大量情感或情緒來寫文章的我，難度頗高。才發現人的爆發力，有多可怕。那幾個禮拜，我都兩點睡覺，然後五點自動起來，坐在電腦桌前，開啟檔案，就這樣書寫。

好險熬過來了。我不是寫手，我承認，但我的要求又很高。任何人都會告訴你，不要太完美主義，但處女座非好即壞的極端個性，讓我過去受了很多傷，也因此不敢嘗試新的事物。這次進行地方賊的重整，有些痛得挖出來，雖然不確定這會不會是大家喜歡的，但我能確定這是自己最誠摯的作品。

一直都不覺得自己能夠出一本攻略書籍，對我而言，旅行是純屬意外的。我們可以去計劃，但也要享受變化（J人這時會不會不同意？）。如果曾看過地方賊文章的朋友，會覺得有些地方很眼熟，但閱讀後，你可能會發現，我變了，而地方也變了。

這本書雖然是重整地方賊過去的文章，但每個地方，我藉由重返，讓過去的自己與當下的環境和自我對話。每個縣市雖然有自己的路線，但更希望大家透過我的文字，對那個地方產生興趣，進而發展出屬於自己的旅行路線。旅行，如果全由別人掌控，無疑會損失一點樂趣。

要在市場和自己個人的文字創作中尋求平衡，有些難度。既然我都站在平衡木上了，會是繼續穩著，而有第二本書出版；還是會摔跤，再從泥濘中爬起，就交由你們決定了。如果有機會能出第二本會更好，畢竟還有很多地方，我是有情感的，也希望你們能陪伴我，一起走完每一段旅程。

最後，是我剛開始寫部落格的自介上所寫，「請切記，這除了是地方的故事，也是我做一隻賊的故事。」書本文字的再現，與你們經驗地方產生的情感與想像，會是讓「地方賊」繼續流動的關鍵。有機會，我也希望聽聽你們的地方故事。

輯一

城默・如果城市會說話

基隆・台北木柵、南港・新北永和、中和・桃園、中壢・新竹市香山

KEELUNG

躲藏

不安的情緒，需要數座防空洞

基隆

基隆市區街景。

有段時間，我常來往基隆與台北。隧道盡頭，那一抹藍，慢慢與我縮小距離，直到我看到，這座依賴著山的城市。每棟建築都緊緊挨著，深信自己與海也是這種關係。所以我不介意，需要躲在大業隧道一下子；也不介意，出去後淋的是傾盆大雨。

中興隧道裡頭。

這種浪漫幻想，在某天突然戛然而止。出大業隧道後，我的呼吸更顯急促，腦袋無法思考，只能順著交流道往下。在海洋廣場，我大力吸氣。那抹藍，不再是溫柔的，他把我壓到深海裡。我，無法呼吸。

「那些訪談的東西不重要，不一定要把他的故事放進書裡。」他嚴厲地說。每次刪掉覺得重要的情感段落，我會譴責自己一次。這不是割捨，而是排除。背棄自己價值底下完成的書寫，我還是無法苟同。直到現在，依然不敢承認，自己寫過那些文字。同時，也害怕起基隆這座城市。

有些地方，不是想去就能去的。

這並非疫情期間，身體隔離的狀態，而是打從心底對一個地方恐懼。這是創傷症候群嗎？如果是，我是不是太過膽怯了？看了不少心理學影片，都告訴我要轉念。轉念有這麼簡單嗎？我練習瑜伽、正念，看看有什麼方式能召喚過去的自己。在無效多次後，也就放棄。

有時候不是無法換個心境，而是視野就偏執在那，像極了不小心沾到衣服上的口香糖，難以拔開。我不確定，是討厭地方，還是討厭自己。於是我決定再給自己一次機會，試著抵抗這樣的恐懼。

再次搭上前往基隆的國光號。隧道後的藍，灰濛濛的，與周圍潮溼的建築沆瀣一氣。不知道為什麼，相同的症狀又再次發生，為了排解黯然的情緒，我走了從未走過的路，沒有任何方向與目的。以為好奇會讓我好過些，一陣冷空氣，把基隆的溼氣凝結成，我瞬間迸發的淚水。

超商裡，我顫抖著，撥了不確定會接通的電話。電話那頭的基隆人沒有多問，「你在哪裡？我現在去找你。」沒有問原因，真誠感受到他的關心。這樣的溫暖，不知道和基隆人愛喝咖啡的關係是否有關。

基隆人喝咖啡的歷史，與他特殊的地理位置在這交會有關。從日治時期開始就引進咖啡文化，冷戰時期美軍的駐軍，更是帶來了風潮，居民在咖啡中，尋求認同與釋放。對我來說，一杯咖啡，溫暖了慣於氣候溼冷的基隆人；而他們再將手捧的溫度，撫慰不安的情緒。

咖啡，是他們的防空洞。

【曾經錯誤的河川治理】

這幾年，基隆的硬體建設改變很多，再加上基隆與台北距離不遠，促使一定比例的基隆人，願意留在家裡通勤，並為家鄉做點事。我曾參加過基隆城市行動劇場的活動，他們以戲劇打開外地人對基隆狹隘的視野，並

親民大樓二樓。

藉此傳達城市的議題。

城市總是跟隨城市的腳步，反思過去錯誤的河川治理政策。原本能為都市景觀或生活提供樂趣的藍帶被加蓋，以為將他埋在地底下不見天日就能避掉所有環境問題，殊不知後來麻煩更大，被遮蓋的旭川河，不需要蓋在上面的防空洞。

旭川河過去稱為石硬港河，源頭在舫頂（今南榮公墓）。日治初期的市區改正和築港計畫，將西定河下游和石硬港河改道，並讓兩條河道合流，整治成為運河，終點至基隆港流出，並冠名旭川。基隆除了田寮河之外，其他河川都不太好過。

旭川河上大樓。

基隆平原面積狹小，市區能夠發展的腹地不多，便開始與河爭地。民國四十八年（一九五九）率先填平了仁五路附近的旭川河船澳及部分南榮河河床，並興建了東和大樓及基隆市警察局第一分局廳舍。不過，旭川河淤塞的問題日漸嚴重，基隆市政府整治計畫還是選擇加蓋，於民國六十四年到六十九年間（一九七五至一九七八），興建了明德、親民、至善三棟大樓。

明德大樓前，遺留的明德橋墩。

這三棟大樓也有四十年左右的歷史，在潮溼的天氣下，蒼老的更快。從任何一棟大樓的梯間都可以上去，想要去另外一棟大樓走連通道就可以。這種陸橋的概念，廣泛出現在多雨的基隆。那一場名為《什麼時候回來》的劇作，選擇在明德大樓，我往能看到港口的盡頭走去，在這條廊道上，幾盞高低不一的落地燈包圍中間幾張空椅，等候觀眾入席。

被改道、加蓋，讓旭川河忘記了自己。那天與那場劇，我像是在旭川河的潛意識漫遊，尋找著他的線索。我將每棟大樓走了一遍，無論是信箱、或是擺放在雜物間的娃娃都翻過，還是找不到他留下的。猛然，我撞見明德橋留下的柱子，只有它能證明旭川河被反鎖在大樓下方。

或許我只是害怕被人發現而已。

【這樣的需要會不會只是一種被需要】

對面是被稱為基隆鬼屋的「林開郡洋樓」，近年重新整理後，開放限量參觀，

基隆田寮河景觀。

釣足了不少奇觀者的胃口。這樣的前進是件好事嗎？如果洋樓習慣寂寞了呢？那這樣的需要會不會只是一種被需要。或許他只是想躲在橋後面，讓潮氣潮落掩蓋自己的存在。

林開郡洋樓。

我走在田寮河旁，想看看哪一個大樓或小巷有趣，就往哪鑽進去。仁一路這一側的田寮河邊，日治時期這個區域稱為「天神町」。除了有「世界館戲院」外，還有著名的餅店「水錦堂」，天神橋（今銀蛇橋）旁有裝卸貨物的小碼頭。這個小碼頭在民國四十五年（一九五六）被基隆市政府填平，開闢了現在的仁一路，並用剩下的地

進駐惠隆市場的雨都漫步。

興建惠隆大樓。

惠隆大樓一樓是市場，樓上除了住家外，還有名為新生的戲院。惠隆大樓的設計還滿特別的，我從仁一路的大樓正面騎機車走斜坡，然後就這樣騎到仁二路，一點反應的時間都沒有。只好把機車停在旁邊走進去。

後來才發現，大樓兩側也有路可以走進市場，先前一直將二樓誤認為一樓的我，實在過於天真。過往曾在這遇見從事纖維藝術創作的朋友，租下市場的一間店面，開了間名為「纖維藝所」的工作室。在她經營工作室時，也與惠隆市場的攤商建立了一定關係，但因人生規劃，選擇飛往英國留學。我雖然會看她在社群發的文，但我們還是斷了聯繫。

她的人生往前邁了一步，雨都漫步團隊接著進駐了惠隆市場，看著他們在市場的展覽，述說著空間的變化，以及被定位明確的方向。不知道未來方向的我，

仙洞隧道。

還在大樓裡躊躇著。

我從東方的坡，溜下西方的河，尋找著自己的防空洞。

【擁有四百多座防空洞的海港】

若以市區為界，基隆港可以分成港西、港東，兩者呈現不同的面貌。港西相對來說比較少知名景點，或許是過去的臨港線鐵路使其封閉，又或是基隆港一長串的貨櫃碼頭與海軍營區讓他難以親近，倒是這裡因多山的地勢開了不少隧道，也算一大特色。像是大正六年（一九一七）因臨港線鐵路

惠隆市場的機車道。

而鬮建的仙洞隧道。在民國九十三年（二〇〇四）功成身退後，被納入歷史建築保護。

雖然有了身分，遊人還是無法進去一窺那紅磚隧道牆，更何況是那沒有身分，高遠新村下的西岸防空洞群。每次來到基隆，我就會唱著「你把我帶到一個停泊的港口，讓回憶可以避避風」。不知道戴佩妮是不是有到過基隆的防空洞，不然怎麼會寫下港口、聽潮起潮落，這帶有基隆風味的的歌詞。

基隆已知的防空洞高達四百多座，基隆市政府近年開始重視這件事，並想將防空洞納入文化治理的想像與實踐中。不過被選中的防空洞寥寥可數，而這些在戰時護人性命的防空洞，後來成為居民可以挪用的空間，現在則成為戰平時期被觀光娛樂的對象。如果這樣能防止都市人內心空洞的現象，究竟我是需要躲在防空洞不被人發現，還是要尋找能夠讓我防止內心空洞的地方呢？

【依山而建的咾咕石漁村聚落】

雖然基隆許多聚落都是依山而建，但在仙洞聚落中還能看到咾咕石興建的房

高遠新村港務局局長官舍。

舍，頗有漁村風情。畢竟港西做為漢人較早移居的地方，在基隆港未興築前，都是漁村型聚落。日治時期逐步興建基隆港，不少漁村消失，逐漸成為碼頭，像球仔、土窟仔等。

基隆港的興建大幅改變了仙洞地區的地景，仙洞也成為築港的中心，包括築港局、檢疫所、球仔修造廠、高遠新村及仙洞國小都在此成立，仙洞的房舍越來越多。國民黨政府來台後，因為美軍協防的關係，西岸也是商店林立，專門做船員的生意。

好景不常，民國六十年左右的基隆港擴港計畫，將仙洞地區轉為基隆港貨櫃碼頭中心，於是收購仙洞地區的漁船，以及中山二路拓寬計畫，將原本的聚落、包含日治時期仙洞港務局宿舍用地都改為碼頭。不少居民就此搬離了仙洞，現在

奇浩部落的部落聚會所。

的仙洞也只剩下仙洞巖、佛手洞等自然美景能讓旅人想到。

【基隆的原住民保留地】

而在東岸，另一個選擇躲藏的聚落，是從台東、花蓮遷移至基隆的都市原住民課題。

我是因為金曲原住民歌手獎得主舞思愛的巡迴演唱會，排除了其他大城市，而選擇基隆沙灣歷史文化園區所推出全新的展演空間「B'IN LIVE SPACE-KEELUNG」中演出，為此感到好奇，才知道基隆有一定比例的阿美族人。前段時間火紅的影集《八尺門的辯護人》，更是把族群間的關係演繹得淋漓盡致。

戰後初期，居住在東海岸的阿美族人，聽

和平島上阿美族遷徙的初代聚落。

聞基隆正濱漁港有登船捕魚的賺錢機會，一個拉一個，在正濱漁港周邊搭建家屋，形成基隆唯一的原住民保留地。

初期族人是居住在正濱漁港周邊，如和平島內的阿拉寶灣部落（Alapawan），以及其對面的山頭的八尺門奇浩部落（Kihaw），是基隆市唯一的原住民保留地。民國七〇年代，漁業開始蕭條，不少原鄉人北上在建築業打拚，這些早一步習慣北部生活的阿美族人，也跟著換了工作。族人經濟條件穩定後，便開始在周邊社區置產，形成新興的都會原住民部落。

八尺門隧道。

金豆咖啡。

我穿越八尺門隧道，亮不起來的照明燈，與一旁的海濱國宅共享著寂寞。聽見家戶裡傳來的阿美語，我雖然不懂，卻因為曾在東海岸駐村的經驗感到親切。遊人還在正濱漁港旁的咖啡廳抉擇，我已在基隆阿美族部落找到能躲藏的地方。國宅外頭有住民用籠爐烤著火。我想起，那年隻身前往伊朗，飄著雪的凌晨，掃地工人用肢體語言邀請上前取暖。冬天的基隆，原來跟伊朗一樣冷，我緩步向前，想求一絲溫暖。

隧道、防空洞與國宅前的火給了我安全感。我突然想起那間在二樓的「金豆咖啡」，那時參與老闆與基隆地方人的討論間，體會了咖啡中蘊含對地方的情感，那是我另一種能感到溫暖的方式。只是，時間讓我忘了。

TAIPEI

碑情

失語的城市，被動選擇沉默

台北木柵、南港

岸汐職人。

金豆咖啡是我在基隆的防空洞，而能讓我在台北感到自在的地方，則是坐落於木柵的「岸汐職人工作室」。他們，已經不見兩年了。我也失去快樂的理由，只能讓悲傷積累在心頭。容易喪志的我，時常鑽進那條熟悉的木柵小巷，那裡可以擁有城市難得的豁然開朗。一個高樓間能抬頭看見天空的小地方，就能讓乏人問津的疲憊喘口氣。木柵路一〇三巷，沒有聲音了。

【曾有過的喧鬧，只剩孤獨石碑】

記憶裡，有吱吱作響的器具聲、夥伴們討論的喧鬧聲，還有咖啡杯碰撞桌子的輕響。我知道他們不會再回來。望著招牌已經拆掉的老空間，只剩下牆上鮮豔且風格濃烈的鳥兒，等待著職人們回歸的那一天。

我很想偷偷跟鳥兒說實話，在這個連人類都難以找到居所的城市裡，資本才是王道，我們都不好過。即使這塊地曾經是木柵現已少見的製麵工廠舊址，也曾入圍過台北老屋新生大獎，仍敵不過這座城市加速改變的齒輪。發展想抹去過往存在的痕跡，只有少數的記憶能奮力一搏。最後，也只能嬉皮笑臉的面對，被自以為高人一等的價值盡情消費。

走到老房子的後側，我突然想起建築的一角，還藏有一件在岸汐職人時期留下的珍貴資產：一塊被遺忘好久的石碑。這塊石碑有個小故事，他一直放在木柵老街上的一間老店，阿嬤也不知道原因。阿公過世後，她無力處理這塊石碑。有天，阿嬤突然想起，住家後方有一群不知道在幹什麼的年輕人，便請他們幫忙處理，這塊石碑也才重現天日。很奇妙，原本緊繃的雙方關係，因為這件事緩和了不少。偏見就像緊箍咒般，限縮我們的想像與情感，交談是解咒語，卸下不少防備。

石碑正面靠著牆壁，我使勁力氣拉開他，用腳撐著，想確認上面寫了些什麼。捐款者的姓名依序排列，還有他們捐助的金額，以及捐助原因：福德宮建廟。

岸汐職人後面的石碑。

寺廟雖沒建成，卻留下日治時期討論及捐款的證明。將石碑放回，那難以承受的重量，壓得我腳都麻了，如同早已痲痹的都市更新。木柵更到我都懷疑自己是不是在這裡長大的，我是不是也該重啟一下人生。

巷子內，有一間木柵僅存的「劉協昌手工製麵工廠」。在「麵線窟」時期，木柵有近二十家手工製麵廠，銷路達全台灣各地。麵線廠的師傅會在廠房旁的廣場曬、甩麵線，成堆的麵線像纖維，曝曬時，編織成一條棉被。這樣的畫面消失許久，棉被上網訂購就有。或許木柵的地景將同質化，成為名副其實的文教區了。

劉協昌手工製麵。

往河堤方向走。區公所對面，有一棟日式建築。這座房舍建於昭和二年（一九二七），過去是木柵國小校長日式宿舍。木柵國小校長宿舍也曾經歷如何保存的討論，終局是將校長宿舍原有的圍牆打掉，修建成一座社區得以使用的空間，也就是現在的文山公民會館。

修復建築師孫啟榕當時的想法，除了修復日式木造和室舊館外，還要興建兩

木柵國小校長宿舍。

層樓的新館。新館與舊館間的廣場能連接著，日式老屋保存的老舊迴廊，與新館的玻璃映照，象徵著歷史文化的傳承。立面上的「鑽石形氣窗」，格外吸睛。

【無法留出對話的空間】

我常說木柵是「石碑城市」，公民會館附近有幾塊日治時期留下的石碑，彌足珍貴，包括木柵國小內小山丘上的「御大禮樹紀念碑」、文山公園內的「畜魂碑」及「忠魂碑」。

日本人過去興建屠宰場，常有設立「畜魂碑」的習俗，為了追念動物的犧牲、安息動物的英靈，並藉此安人心。日治時期，基於現代化的衛生管制，必須設置專門的屠宰場。居民

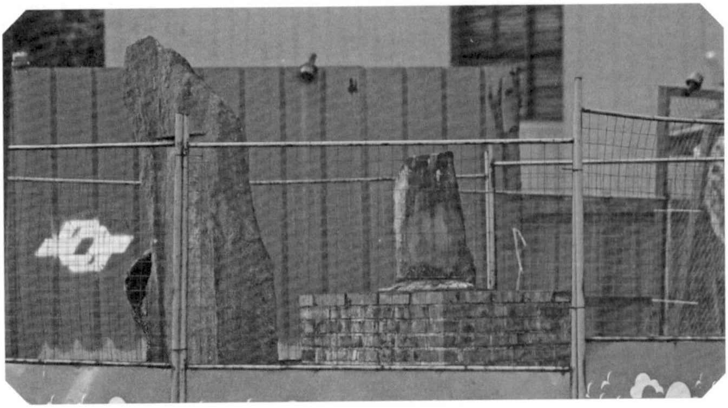

畜魂碑與忠魂碑。

便在屠宰場附近設立畜魂碑安撫牲畜的亡靈。如果城市消失了，會有一塊石碑安慰他的靈魂嗎？

畜魂碑旁還有一座比人還高的忠魂碑，上頭的字難以辨認，就像那場「頂店事件」，在當代無人知曉。明治二十八年（一八九五），日軍入台後，台灣人在各地都有抵抗活動。十二月，有六名日本警察在新店、景尾、木柵等地執行勤務時，遭遇抗日人士包圍且殺害。

日本殖民政府為了紀念這六位警察，除了將他們葬於深坑街外，也在木柵更寮山及深坑中正橋頭立碑紀念。國民黨執政後，為了消除日本殖民的記憶，官方和民間都有一些「去日化」舉動，忠魂碑才會成為現在的

自由・之丘咖啡廳。

樣子。現在不需要動用到政治情感，地產資本隨時能毀去這些記憶

將來這兩塊石碑也有可能直接消失，因進步的社會只容許假意的自省，無法與空間進行對話，更何況是證明。我總是不斷遷移，雖然承載的故事不少，但活到最後，一場傾盆大雨就能淋溼所有存在的線索，沒有人能證明我來過。

第一次走進「自由・之丘」，害怕老闆 Allen 認不出我。他曾是我在岸汐職人的夥伴，後來在木新路小巷中，找了空間獨立開店。推開門，他溫柔說聲「好久不見」，原來還是有人記得我的。他依然選擇老屋，讓這座城市得以保存些許記憶。咖啡廳呈正方形，中間有能望天的空間。我當他是致敬已

玉成戲院。

經拜拜的岸汐，延續給都市人留白呼吸的功能。點了一杯咖啡，坐在這裡，為腦海中不斷瞬移的想法，留些時間發呆。

【從黑鄉到科技中心】

木柵，對我來說，變遷速度算快的。以我這駱駝走路的速度，每一次出門都能看到這座城市的些微變化。把鏡頭拉到相鄰的南港，那變化速度可謂是披星戴月。這地方從煙囪林立的黑鄉時代，轉型為流行音樂聖地及科技中心，不到五十年。

在南港玉成地區，有間民國六十七年（一九七八）設立的玉成戲院，當初應該是看中周圍工廠聚集而來的人口所建，像是台電、南隆鐵工廠、甚至聯勤二〇二兵工廠。

從中南老街看南港展覽館。

南港工業區因產業轉型外移閒置時，玉成戲院在這幾年被國際錄（混）音師 Andy Baker 重新使用，用有特別挑高的電影院空間，重新打造成一流、可以「同步錄音」的錄音室。這是老屋新生挺好的例子，也搶先跟隨南港與流行音樂將來到的關係。然而，沒跟上的，在翻天覆地的地景中失去競爭能力，一眨眼就會消失。

那些做為倖存者的古厝，抗議著，不過是無聲的。每一塊磚瓦的剝落，都是他對自身能力的懷疑；每一次與新住戶相處，更加深了未來的不確定感，難以承受。屋頂又有什麼墜落了。

「大聲嚷嚷有什麼用呢？我不吵不代表輸了。」耳機裡傳來戴佩妮的歌聲。就像在二二八事件時，那些被棄屍在附近南港橋的政治受難者。我們都看清楚了，說實話的代價是什麼。南港展覽館對面的中南老街，與現代主義的龐大量體形成鮮明對比。中南街發

即將都更的東南街。

展甚早。光緒十七年（一八九一），為了使台北通往基隆的鐵路通過，徵收了一小段現在中南街的土地，設置了小型的平台設置給乘客上下車，稱為「南港乘降場」。

【曾是茶與煤的故鄉】

明治三十八年（一九〇五），日本政府選擇在東南街設置火車站，在中南街設立台車月台。兩邊雖然功用不同，卻都因車站的設立，各自繁盛。設立台車月台的中南街，運送了南港大坑、四份子一帶的多座煤礦礦產，還有山上的茶葉，經由南港舊庄、山豬窟，甚至到石碇地區。

南港的產業變遷，促使城市功能屢次發生變化。每一次南港有重大建設，像是中研院園區的

港仔口老街。

設置、研究院路拓寬，台車軌道就得讓步拆除。為了這座城市宏遠的發展，他只能委屈自己。不合時宜的就該被淘汰，居住的人欣喜若狂，都更就像是勢在必行的橫財，他也漸漸習慣南港人對他的淡漠。

雖然習慣人們破壞承諾，但對願意深入了解他內在的人，仍願意敞開心扉，畢竟再壞也壞不過被喜歡的人狠狠開一槍的痛苦。南港最早的發源地「南港仔」就是他的借鏡，這裡曾經是基隆河支流大坑溪口旁的一座自然港灣。

憑著水運便利、天然良港的優勢，同治年間便有泉州商賈從基隆河進入大坑溪，並在渡船頭上岸，從事商業買賣，逐漸形成一條小市街，成為南港的第一條老街「港仔口老街」。港仔口老街的消逝是逐漸的過程，我湊巧經歷他存在的晚期。

德安廟。

【我喜歡這股狠勁】

老街上原本有一間「德安廟」，廟柱對聯寫著「港口」兩字，巧妙的記載了這段南港仔老街的過程。不過google map已經看不見他的身影，再往前走的同時，似乎有些人不願意帶著他們一起走。回到港仔口，在家門口聊天的兩位阿伯，看到拍照的我有些警惕，直到我說自己是來拍老屋的，才放鬆神情。「這裡都被拆光光了，你不如去拍闕家古厝吧！」

我的喉嚨像是被什麼噎住，想為他說點話，卻也無能為力。我想中南街看到也怕了，只能沉默、委屈、無聲的抗

中南街拱圈。

志和煤氣行。

議。他依然記得還能說話的時候，紅磚拱廊清晰可見，沒有被時代的浪潮淹沒。年節時分，附近的居民都會去萬春軒餅店購買紅龜粿，興發號買醬油、醬菜，以及對面的志中行順道拿幾份拜拜用的金紙。

現在的忠孝明宮大樓，是這條街最高的住宅大樓，他曾經是南港老戲院「永生戲院」的所在地。

當時有多少人，是在隔壁的台灣基督長老教會南港教會做完禮拜，就趕來這裡看早場電影的呢？永生戲院和南港不少礦坑，都是由王欽德經營，中南街上的「志和煤氣行」就是他家。現在看起來沒什麼特別的，當初可是中南街上的豪

「什木工地」獲老屋新生大獎的作品。

宅。挑高的樓層、天花板的水泥線條還是工匠細膩而製。

眼光隨時間變化，大家不再著眼於過期的老屋，但老屋新生卻打開了新的可能。前些年，不少年輕人湧向中南街開店。他們喜歡這些自帶時光濾鏡的老屋，願意為了他花些錢，重新修復成心中的理想居住環境，像是什木工地。他們的作品屢次獲得台北新生大獎的肯定。老屋架高設計的工作室，樓下是教學和器材空間，樓上是休息場所，令人驚豔的樓中樓設計。

周厝。

他們之前在中南街上的工作室，前身是「全興茶行」。店主賴全興先生，父親在日治時期可是南港的種茶名人「賴添」。在大正時期，賴添在舊庄所種植的茶葉曾得到全省、南港茶葉比賽的一等賞。可惜屋主也敵不過資本的誘惑，什木工地搬離原地，留下記憶與都更處的文本默默承載著這段故事。

【物是人非，徒留向晚】

這次又走了一趟中南街，許多熟悉的店關門，或是遷移，害怕的事情還是發生了。忠孝明宮對面長長的排隊人潮，以為城市人突然對老故事有興趣，沒想到是新開的網紅咖啡廳。我總是對人抱持多餘的期待。一旁的周厝可能也是，一棟據說是清代建成的磚木結構建築，有著紅瓦屋頂。

無論是深褐色的木門，還有旁邊的兩扇木窗與梁柱上的橫木，都維持得很完整。努力維持自己，或許只是想讓人再看他一眼，但最後我們都選擇沉默。相對無言，是在這個城市生存的最好方式。老街經歷過變遷的憋屈，但南港的老似乎被台車當作無用的煤炭緩緩地帶走。沒記憶了，不愛了，這是曾經住過的人對他們說的，他們也只能在拆遷前，用僅存的老構造，搏愛，無聲的抗議。

NEW TAIPEI

同河

回憶的河太迂迴，請別再想見我

新北永和、中和

求學時，為了方便，我曾短暫居住永和一段時間。過個橋，就到學校，享受台北市豐沛的文化資源，相當方便。永和如迷宮般的巷弄，讓天生浪漫性格的我，無時無刻期待在轉角會遇見什麼可能改變人生的事情。也許是命中注定的那個人，每天都與我擦肩而過。某天，她突然牽起我的手，往相愛的方向跑著。

【異想世界的處處驚奇】

或者有能理解我的伯樂，在過人行道時，與我相視而笑，眼神裡都是一起做夢的畫面。曾經，有人也理解中永和，甚至援引英國「花園城市」及美國鄰里單元劃設，為他量身打造城市樣貌。然而，規劃者錯估了情勢，人口密度極高的人口，再加上複雜巷弄，讓他的交通和居住品質備受質疑。

對我來說，我卻享受著永和因人隨時改變的驚奇。永和就像一名不敢表達自己心裡所想，用迂迴、纏綿

永和小巷。

空拍被樹穿越的巷子。

的句子述說自己內心異想世界的人。一開始會覺得這個人怎麼這麼愛拐著彎說話，與他熟悉後，才發現那些祕密，他沒有刻意隱藏，而是在等待發現。證明你能夠在這個地方生活，與他成為夥伴。

在永和，我住過兩個地方，一間在中正橋附近，另一間則是在永福橋與福和橋中間的巷弄裡。在中正橋時，頂溪捷運站旁的文化路是我的覓食首選。每次搭捷運回頂溪時，都會選擇不同的巷子走，努力讓工整的生活有意外發生。

我曾走到一條橋旁小巷，不像有些巷子已被參雜新蓋的高樓，他不擅長突兀，反而讓人安心。每當我孤單時，就會前來尋求他的安慰。幾棵大樹的枝椏刺穿屋頂，再戳破隔壁樓房的心房。

他們看起來寂寞又狼狽，與我是同類。

透著光，我翩然起舞，不顧城市人的異樣眼

光。我們都是隱形的人，因為不同於他人的心思，只能誇大行為掩飾傷痕。我也曾幻想能在屋頂上開個派對，在街道辦展覽、市集、音樂會，人群驅趕蚊群嗜血的恐懼。然而，對天馬行空想像遠多於實際行動的我，在離開永和前，也只能為他完成一支獨舞。

【《不散》的影像讓福和戲院永遠留存】

我認為永和是生活機能相當好的地方，也曾興起尋找老屋居住的衝動，包括國光路的警察宿舍、居住著大陳人的五和新邨社區，全都問了一遍。私人建築卡在都更，或是所有權人早就旅居國外；公部門則卡於法令，而國產局寧願不管事。

找了半年，只得放棄，卻在更大量體的建築下，興起了更夢幻的想像。文化路上有間便利商店，要在對面才會看到他柱狀的小開窗和中間的透氣磚，以及

即將都更的五和新村。

美麗華戲院空拍。

永和戲院的字樣。永和大戲院於民國五十六年（一九七七）開幕，只有翡翠和鑽石兩廳。民國九十年（二〇〇一）才結束營業。不少文化路的小吃店，都是從旁邊的小巷延伸展開。

搬到福和橋附近時，我持續尋找著老屋，也意外遇見了兩座永和還留存的老戲院：美麗華戲院及福和戲院。兩間量體都相當大，前者曾是大型的購物中心，現在則被高達千戶的居民生活擋住，要進到裡頭才能瞧見他的囂張；而福和戲院則躲在老市場樓上。

文化戲院。

福和戲院。

福和戲院樓下的菜市場堆滿了各式雜物，像是憤怒的發洩。看到被丟掉的娃娃，我心疼著，雖然帶不走他，只能幫他拍一張照。《玩具總動員》中，我最喜歡的角色就是熊抱哥，要被拋棄過的人，才會知道他後來的行為，有多無助。

福和戲院下市場。

許家洋樓。

許家古厝。

蔡明亮在民國九十二年（二〇〇三）推出的電影《不散》，劇中場景就是在福和戲院。散與不散，不是人說了算。忽明忽暗，二樓手扶梯沒資格再運轉，人潮不會再回來，誰都不會再難堪。

【全台夜間經濟指數最高的樂華夜市】

現在永和最多人聚集的地方應該是樂華夜市。但這個全台灣夜間經濟指數最高的地方，卻照不到夜市背後的老房。清光緒七年（一八八一）興建的古厝「永福居」，離夜市路過不遠，經過時很難不被其凹壽下、正身兩側的書卷泥塑與墀頭所構成的正臉所吸引。

鄭氏時期，許家祖先就從金門遷徙來台，定居永和，這一大家族稱為金門許。而鑽進另一條巷子會看到兩層樓的洋樓，建於昭和六年（一九三一），則屬於石龜許。外觀已

福和國中旁的「金嘟美食站」。

經增修很多，但保留著騎樓拱門，以及洗石子陽台。看起來平凡，但卻是永和能夠找到的唯一了。

在樂華市場對面的店仔街福德宮，是永和地區最老的廟宇，大概有三百多年的歷史。這裡曾有瓦磘溝舊有支流「溪底溝」經過，漢人移墾時，艋舺的商船便順著新店溪駛入永和，在此停泊，形成市集。

永和店仔街福德宮主殿內，有尊全台唯一的「帶子土地公」，照看永和子弟。此外，這裡的虎爺公也有自己的獨立包廂。居民對這間廟宇的崇拜，從廟宇規模

永和店仔街福德宮之虎爺。

永和店仔街福德宮之帶子土地公。

的日漸擴大可見。然而，老街的變化及更新也是顯而易見。我一直想問問他們，是否習慣這樣的環境。

這樣的現代化，其實是揮霍崇拜的一種舉動。

我習慣在探訪回家前，到福和國中的金嘟美食店，與熟悉的老闆一家人買杯傳統的飲料。好久不見他們，我想，也忘了我。附近還開了一間獨立書店「楫文社」，由作家陳泓名經營著，以台灣文學和文學創作為基調，是文學喜好者會常光顧的空間。如果他們早些創立，或許我的文字就不會停滯這麼久。

【中和枋寮老街曾有的短暫風華】

早期的瓦磘溝還能通到中和的枋寮，枋寮老街位在福和宮對面，是條較少人車通過、平凡無奇的小巷子。枋寮老街的確立也與河運有關。靠著新店溪的支流「廟子尾溝」，清代移民便在此地靠岸聚集、開墾，形成聚落，而這也是枋寮街的雛形。

乾隆時期，林成祖墾號，除了乾隆十五年（一七五〇）左右，開鑿大安圳與

枋寮老街拱圈。

枋寮老街牌誌。

永豐圳外，也設了租館於枋寮街，市街進而成型。道光時期的《淡水廳志》，也指出枋寮街為擺接堡唯一的街肆。

林成祖墾號因沒落，在道光年間邀請板橋的林本源家族接手。日治時期，艋舺至板橋的鐵道興建後，當時的中和庄枋寮街已經大不如前。不過庄役所仍設在枋寮庄，枋寮街依然是中和中心。因為煤礦的開採，大正年間日本政府興築了數條手推台車軌道，先從南勢角礦區運送至枋寮街，而後再經由枋寮枋橋道及水尾津渡，各別往板橋和艋舺分送。種種跡象顯示，枋寮在日治時期已退居為中和地區的貨物集散中心。

雖然拚不過板橋，但在戰後，因為有兩間重要大廟群聚，這裡也形成相當熱鬧的廟口夜市，後來因道路開發而沒落。枋寮街的商業機能，在城鄉移民湧入中和地區，秀山、南勢角及員山地區相繼發展下，重要性也日漸下降。

現在的枋寮老街只剩下福和宮南段的小巷，其實沒剩什麼老房子。可能這間有著上下疊窗、大正年間興建的老屋是唯一可看的，還可以看到上面的裝飾呈現的巴洛克風格。還有要努力找尋才能看到的拱圈，都在提醒著我們——

為什麼要漠視他們呢？

【解構與重組的都市街景】

枋寮老街與對面的廟美街共同承載著中和早期開發的歷史，彩繪牆上的小河，便是以前分隔兩街的廟子尾溝（或稱中和溝），來往兩地要經過「廟美橋」，現在則是加蓋後的柏油道路「新福和路」。一定程度，這幅畫反映著中和早被人忘記的渠道，也凸顯了快速都市化之後，我們只能靠再現來還原場景的窘境。

不過廟美街的美名，得益於廟美街前的福和宮，與當時還能通行小舟的小溪共創的美景，甚至為「中和八景」之一。曾有名為林孔釧的寫詩歌頌，「福和寺對

福和宮。

員山暝，暮色蒼蒼萬籟沉；鐘動月明清韻逸，隨風直上白雲深。」現在站在新福和路上，很難想像「福和鐘聲」的出世感，鐘聲也抵擋不了周圍高樓興建的機械聲吧！

二十四節氣的神明畫門神。

福和宮創建於乾隆三十一年（一七六六），興建目的是為了庇祐枋寮街上的生意人，也是他正對枋寮老街的原因。福和宮原先位置在今廟美街五十七號附近，是座土造小廟，那時還稱為五穀先帝廟。日治時期，由中和出生的漳派大木匠師陳應斌主導修復，並遷至現在的位置。

【曾經的輝煌，是今日一片又一片剝落的記憶】

廟美街過去又叫「棺材街」，因為過去這裡有不少與臨終相關的產業：棺材店、風水店、撿骨店。也因這裡棺材實在太多，即使當地人經過這條街，仍時常被嚇到。因此，枋寮街的民眾，很少會來廟美街。據說枋寮夜市最興盛的時候，擺攤也只到廟美街口就停了，民眾都認為這裡很陰。過去雙和地區只有廟美街有專門販售棺材的聚集產業，所以遇到適合下葬的日子，還是會出現滿多排隊人潮。

枋寮老街具生活感的奇妙藝廊。

短短一條街，從街頭到街尾，看盡了人生的各種面貌。其實我們都需要面對死亡，他終究是一個課題，但真的很可怕嗎？如果我們在廟美街，轉個彎，看見曾經熟識卻已經逝去的親人，我們還能表現出灑脫的樣子，與她打聲招呼嗎？

駱成生命人文。

對她來說，應該就不是別再想見我，而是好想你了。

巷口那間「駱成生命人文」便是用新觀點看待死亡的典範。他是由創立於民國五十七年（一九六八）的老店「駱成殯葬社」或「林生號」所改建，也是廟美街僅存的幾家殯葬社。近年，後代改造了殯葬業原本冷冰冰的樣子，還附加咖啡館，讓死亡這個議題能夠再溫暖些，而不是讓人懼怕。一如其網站上寫的一段「別人說的陰森，在我的記憶裡卻是最有溫度的回憶」。

廟美街上唯一比較精緻且驚豔的，就是這棟兩層的「黃長和」紅磚老屋，雖然沒有過多的巴洛克裝飾，但也保留了那個年代廟美街建築的樣子。而在路上碰到一位阿姨，她跟我說以前廟美街好熱鬧啊，很懷念以前的日子。

黃長和還在，但看著陪伴他長大的好友們，一個一個被自家人拆除。他心裡一定還糾結在回憶中，細數著過往陪伴枋寮地區朋友的歲月，到底是哪一點出了錯？捷運中和線開通後，地產資本便對廟美街虎視眈眈。

「廟美街」，因路牌而真實，卻因彩繪而虛偽。彩繪的場景與眼前的光景，絲毫沒有任何關係。過去的生活方式像是海市蜃樓般，只在開頭短暫出現。沒活在那個時代的我們，似乎也無需再現來飲鴆止渴，但他卻用這種方式提醒著當代人——如果其他都消失，你就「別再想見我」。

黃長和街屋。

TAOYUAN

雙生

身在之間，等待合一

桃園桃園、中壢

國小時，家住桃園區邊界的我，與同學去最近的內壢家樂福買CD，剛好遇見他的鄰居，一位住在中壢邊界的男生。同學脫口而出，「搞不好你們上了國中會同班。」我們相視而笑，但那笑容是硬擠出來的體面。後來同班了才知道，她對戴佩妮沒興趣，而手上那張正好是她剛出的精選輯《so penny》，我則對SHE同樣不感興趣。

說也有趣，我們因那場先一步見面，成為無話不談的好朋友。當初那位同學與我關係卻是越來越淡，沒有同校比沒有同班，關係崩裂的更誇張。這樣的分別，讓年紀尚小的我感到疑惑，為什麼分別住在中壢和桃園的我們，會在八德讀國中呢？現在想起來，那時對學籍制度分區地理現象敏感的我，與自己現在所掌握的專業，有點關係。

【選邊站成了難解的三角題】

我們兩個穿越桃園人口耳相傳的結咒，我是桃園人，會去中源戲院看二輪電影；他是中壢人，卻會跟我一起去桃園學舞。住在邊界的人，從不覺得這是件奇怪的事。在同學們開始各往南北奔跑、從此不相往來時，夾在中間的我，奔波於桃園與中壢，維持著詭譎的平衡，直到我家搬到台北。選邊站的問題，頓時成為更複雜難解的三角題。

小時候在哪裡生活，我不確定。

這讓我格外喜歡思考城市關係的命題。時常在想，如果他們願意說出彼此之間的緣分，會是情侶、冤家，還是分外眼紅的仇人呢？「雙生火焰」是一個靈性的概念，書局會把與之相關的書籍放在宗教學類。「一個人可有許多位靈魂伴侶，但只有一個雙生火焰。」作家萊絲莉・桑普森（Leslie Sampson）在書裡這樣說著。她如此界定著「擁有著相同原始靈魂的兩個個體，在相遇、吸引、逃離之後，還願意體會覺醒的痛苦，選擇臣服，而後合而為一」。

唯一就夠珍貴了，還要經過試煉才能確認彼此是那火焰，最後合而為一，顛覆著一加一等於二的觀念。我喜歡不按照既定規則走的戀愛過程，期待遇見另一個火焰，好奇靈魂悲喜交集的碰撞過程，我會有什麼轉變。

我很喜歡思考兩座城市的關係，緣分所強調的命中注定，總在我們還沒準備好時，偷偷發生。冥冥就已經很吸引人了，若再加上「唯一」這個條件，更讓人願意爬山涉水，找尋真愛。

同時又懷疑著，在合一之前，我們中間隔著什麼？

【壁壘分明的共生共存】

擴大雙生火焰的尺度界定，相鄰的兩個地方，是否也存在著這種互相比較，但其實共生共存的虐戀關係？我覺得桃園和中壢，已經過了各自為「鎮」的痛苦階段，在縣市合併之後，兩座城市合而為一。雖然桃園人和中壢人的生活圈依舊壁壘分明，卻開始經歷著相似的故事。

雙生火焰的靈魂，是鏡像的。

離開桃園多年，有些事情我沒辦法參與，只能從旁得知。這次回到了桃園，從小時候我們回家一起出站的內壢出發，想確認我心真正所屬，以及這裡的改變。內壢火車站有了前後站，到後站的鄉嬛書店，聽些與性別有關的講座，再也不需要過等到都可拿出一張試卷來寫的火車平交道。

「有不少內壢高中的學生，為了方便，直接穿越鐵路，被撞死。」我爸在等

原為第一和統一大戲院，現為基督教內壢得勝靈糧堂。

火車經過時，為了緩和車上緊繃的氣氛，跟我說了他總結新聞得來的心得。

我拿了在瑯嬛書店買的書，又要等火車經過，才能到前站的省道。沒有理會我爸碎念什麼，只是想起高中時交過的女朋友。我需要搭火車下來找讀內壢高中的她。那時如果就有瑯嬛書店，愛看書的我們，是否願意在平交道前等火車通過，還是會直接穿越他。

如果她的選擇跟我一樣，那我們就是雙生火焰，只可惜我們早就分手了。

請我爸載我繞一繞，以前我在等她下課時，隨意繞過的街道。熟悉的文化路和內壢國小後面的菜市場變化不大，還記得我和她喜歡吃的便當店，已經歇業了。那間生意很好，算一算老闆年紀也大，退休實屬正常。只是好奇她是否還記得曾有個台北的高中生，會來這裡與女友吃飯，桃園跨中壢生活已經很難，更何況是台北下來。

內壢能算是桃園與中壢兩個火焰的中間嗎？但這裡曾經有五間戲院，可以供應龐大軍營和眷村人口娛樂所需。現在還存有建築實體的，只剩改為基督教內壢得勝靈糧堂的第一大戲院。戲院建築量體相當大，詢問在一樓聊天的居民們，才知道第一大戲院與統一大戲院共用同一棟建築。不過老闆是一樣的，拆成兩個戲院是什麼原因，我不好意思問。

【難以擺脫的互相需求】

桃園這座城市，連戲院都能夠雙生，我心想著。

新聯進戲院是拆除到一半的戲院，工程仍在進行中。我沒在這裡看過電影，但看到他被開膛手挖走了心臟，裸露的血管隨時會破裂，還是心有餘悸。看網路上的資料，這裡曾是桃園的同志地景，言不由衷的性需求在這裡解放，他和他的故事，是這座城市的祕密之一。那年盛夏，最原始的衝動，與戲院一起被摧毀，

拆除中的新聯進戲院。

化為網路上「你找？自介？」的相對無言。

「177/63/23，我等等搭火車會經過內壢，有人在戲院嗎？」

看著過期的男同志網站，有人這樣留著。性需求在火車加速時膨脹，跟著流動到異地，尋求解放。有點像當年的我，願意為了愛情，搭火車南下找她。那時候的愛，還在小情小愛，一些需求只能自己解決。

距離是雙面刃，如果距離太遠，便喪失了生活的緊密。就像我離開桃園後，刻意與桃園維持遠距離般的情侶關係。害怕知道他背後的故事，我不想要知道他的改變，想讓一切停留在最美好的時候。

原來害怕經歷雙生火焰痛苦的人，是我。

中壢市區仁海宮牌樓巷子裡，曾有一間大正四年（一九二五）興建的「黃宅江夏堂」。我國中時會去威尼斯看電影，曾經誤入這條巷子，黑夜裡，那座門樓

中壢仁海宮。

的特別，讓我眼神閃爍。然而，他卻在快要滿百歲之際，硬生生被拆除，像是失手砸在地上的生日蛋糕，連願都許不了了。

內壢有的戲院數量已經夠誇張，若拉到中壢做為城市的尺度來看，中壢居然曾經有十五間老戲院同時存在的時候。不是生在那時候的我，很難相信，尤其目睹過中原戲院的歇業，以及大東戲院的拆除。國中時，我們會蹺課，搭公車到中原。買張電影票，在戲院待一整天，那裡有著教室沒有的冷氣。

不用趴著睡覺，也比較舒服。

大東戲院位在中山路靠老街溪那側，我沒去那看過電影，也不確定有沒有經過他。只記得國中時會有女生找我陪她逛「水果街」，而我負責拿幫忙拿衣服，以及提供會被她們嫌棄

已被拆除的大東戲院。

的選衣意見。

大東為民國四十八年（一九四九）落成的港資戲院，開幕時還有不少港星跨海來站台。從中山路三一九巷鑽出來，就能看到山牆設計極為大器的戲院，攫取了路人的注意。我曾在他要被拆除前，來拍照留念。他的建築體，挺像在東歐看到的俄共時期紀念建築。牆上還貼著《海神號》、《冰原歷險記２》，一切仍停留在戲院結束的二〇〇六年，也難怪這間戲院，不在我的記憶中。

雙生的他們，遭遇相似的痛苦。

【繼續保有自我，不因時代結束】

那幾年，我特地南下桃園、中壢悼念的地

被拆除的永和市場。

金園戲院與已搬家的健民潤餅。

已被拆除的金園戲院大樓。

方不少。我參與過桃園地方團隊「桃托邦」舉辦的走讀，印象最深刻的是金園戲院大樓。樓下的潤餅，料好便宜且實在。這棟大樓曾為桃園最早的百貨「天鵝百貨」，有不少桃園人記憶中的美味，建民潤餅、大眾小吃、美香飲食店等。

再一次為了潤餅來，卻只看見建築工地，找不到潤餅店的蹤跡了。金園戲院已經是桃園最晚歇業

永和市場 B1 的生鮮區。

永和市場內部的青草店。

的戲院，附近的永和市場，過去樓上更是多元經營，有戲院，還有冰宮。知道將動工拆除，改讓捷運通行後，桃托邦曾經在那辦展覽。一樓的青草味道，與地下室掛著老招牌和雜亂不堪的管線，在氣味與視覺上呈現鮮明對比。

我記得那些快消逝的記憶，即使我未曾在那長大。

中壢倒是有一間戲院和商店共構的建築還活著，「新明戲院」戲院量體大到一樓可以容納不少家飲食店與雜貨店。起建於民國四十九年（一九六〇），灰色的建築體，在側邊上鑲嵌著新明戲院的

中壢新民戲院還留存的建築體。

「只是光影」獨立咖啡廳。

傳統字體，絲毫不畏時間而退卻。戲院於民國八十六年（一九九七）關閉，有人說是火災，有人說他老舊。不管怎樣，他隨時代結束，卻繼續保有自我。

高中時，我曾經和女朋友去桃園新民老街上的一間咖啡廳「只是光影」。那時的咖啡廳還在二樓，年紀輕輕的我們，看著階梯，卻窒礙難行，最後果斷更換。長大後，膽子大了，回桃園旅遊時，曾去過一次。之後，因為租約到期，他們換了地方。

咖啡廳依然留戀在新民老街，只是改到更隱蔽的巷子內，一間四層樓的透天。老闆本身就是藝術家，曾經為桃園東門市場的保存，盡一份藝術心力。二樓做為「洞宴三進」這藝術空間，也不奇怪。樓上還有插畫小賣所及書房，能夠看見一間咖啡廳扎根在地，以藝術公寓形式重新面對城市議題的決心。

【他們填補了雙生火焰彼此心中的缺】

桃園區少數還留存的古厝。

桃園、中壢合而為一是否還是雙生火焰，我不確定，但在青埔機能逐漸完善後，慢慢變成三角題。小時候的我，覺得藝文特區是很新且有錢人很多的地方。而該區域逐漸飽和後，開始向外發展。有古厝被拆除了，也有些因為堅持而留下來。

直到敢靠近藝文特區後，我才更認識他一點。众藝術是桃園難得的純白方子藝術空間。太晚認識這個空間了，因為他總是能反映或補充我現階段的想法。即使我們關係忽深忽淺，但那些對於藝術數不盡的重疊，足以讓我們形塑自己的雙生火焰。

众藝術。

HSINCHU

你好

Nga'ayho，lí-hó

新竹市香山

窗外一股香味飄來，那是前幾天在路上買的玉蘭花。買玉蘭花的過程，剛好能夠描繪我的糾結，在經濟與內心渴望幫忙的拉扯下，糾結著，要不要開窗。最後在那大雨的夜晚，選擇買下阿姨的玉蘭花。雖然桌上的玉蘭花已有些微爛，但我突然想起，好幾次，不假思索的勢在必行，那樣的自己，不用問關於自我的問題，只有喜悅的心情。

即使溼地藝術季已經結束，我仍然詢問朋友，是否願意陪我到香山，看看還有沒有未撤掉的展品，這是處女座要求完美的堅持吧。香山早期為平埔族道卡斯竹塹社的居住地，漢人稱此地為「番山」。從新竹火車站騎車到香山市區，會經過台灣玻璃，前方有一座「番子橋」，剛好能證明此過程。

香山是台灣重要的玉蘭花產地。

【海陸交會的得天獨厚】

雍正、乾隆年間，漢人陸續墾拓香山地區，因番山名稱不雅，而改名為香山，

海山漁港旁看海。

但這只是其中一種說法。另一種香山地名的由來，則是過去山頭種滿了香茅，香氣濃厚且久而不散。兩種說法都有可考之處，要信哪個，憑直覺吧。

如同基隆，別以為新竹沒有原住民。因為溼地藝術季，我走進了地圖名為「那魯灣文化聚落」的地方。在海山漁港旁，定置漁場的工人們忙碌著。這裡人臉部輪廓較新竹深，若不是堤防西邊，我以為自己還在東海岸停留。這裡的聚落呈現長條形，房屋幾乎與堤頂同高度，要看夕陽得爬到屋頂上。

這裡是新竹市唯一的都市原住民部落，大多是從成功鎮美山部落遷徙而來。民國七十幾年，西部經歷著產業轉型，

那魯灣聚落旁的海山農田。

捕漁業缺少船員。王金水先生到台東召募船員來新竹幫忙，不少部落族人搭火車離開家鄉，甚至有人從成功魚港開船到漁獲較豐盛的海山漁港謀生。

為了生活，只能說勢在必行。

時間序往前推，香山靠海，其發展與港口貿易有關。新竹最早的港口是舊港（竹塹港），但因竹塹港經常淤塞，香山港曾取代他而發展。咸豐年間（一八五〇年左右），香山港因為港口停船的條件比竹塹港好，成為竹塹港的外港，官方甚至設置了竹塹港與香山港的對渡小口，從大陸來的船多停泊在香山港，而後再將貨物以小船運送到竹塹港。

香山港的優勢延續至日治時期，總督

香山火車站。

府指定竹塹港做為對中貿易的四個港口之一，爾後竹塹港的港務恢復盛況，香山港隨之沒落。此外，有學者認為清代的香山港口，其實是相對於竹塹港的半獨立小系統，他的位置剛好在竹塹港與中港中間，可以做為航行的避風港。

日治時期，香山港的優勢已經衰退，但另一個陸路系統的興起，卻也給香山其他的刺激，那就是鐵路。建於昭和三年（一九二八）的香山火車站，後面建了新式月台，但日治時期的木造車體仍然服務著進出香山地區的旅客。香山火車站的建築形式是「入母屋造式」，類似中國風格的「歇山式屋頂」，這種形式的特色是屋頂左右兩端的山牆，會再岔出三角形底邊

藝站樓上牆面的線條藝術品「沿著香山」。

火車站的小細節。

等寬的屋簷。原本台鐵有香山和七堵兩座火車站，是採用入母屋造式，但在七堵火車站移位後，香山成為台鐵線上唯一。

第一眼看香山火車站，最先被吸引的應該是突出的入口玄關。不同於車站常用的對稱性手法，香山火車站反而將入口置於左側，這樣的做法能讓入口更加凸顯。而讓這火車站形式更日式的，應該是玄關上方屋面的三角形破風設計，讓人有在日本濱海搭車的錯覺。香山火車站具有歷史、文化和藝術價值，於民國九十年（二〇〇一）被新竹市政府列為市定古蹟。

香山曾因港口而興起及衰落，但因縱貫鐵路火車站的設置，在火車站前形成了一個小市集，香山其他地區的居民多會前來購物。後來香山火車站前的中華路拓寬，公路交通更為發達，車站前市集的人潮才逐漸散去。戰前的十字路口有一間老雜貨店「陳源發商號」，看著旁邊幾個小攤子，便能想像過去這條小巷的榮景。

香山火車站在當代因緣成為了新竹地方藝術的重要地點，這裡就匯集了兩家在地藝廊：藝站、艸愚軒藝廊。我望著藝站樓上牆面的線條藝術品《沿著香山》，這是香山溼地藝術季的隱藏版作品，也是少數會留在香山的藝術品。由法籍攝影師余白（Hubert Kilian）駐村期間所創作。大家對香山的印象都是海，而攝影師也在作品中展現了他所看到的色彩，但香山的綠是走沿海公路不會發現的。

【歷久彌堅的民間信仰】

從香山火車站出來往北走，我步行至全台最年長的天后宮之一。香山天后宮所在的中華路五段四二〇巷，其實是清朝南北往來的官道。但在日本實施「市區改正」後，更為寬闊的馬路取代了原本的官道。香山地區會奉祀天上聖母，與當地多為泉州人有關。康

香山天后宮的匾額。

香山天后宮。

熙年間，來往台灣與福建的商旅，便從興化府莆田縣湄洲媽祖祖廟迎來香山天后宮內的天上聖母神像、大銅鐘與香爐，雖有祭祀但並未建廟。

廟宇最早是在乾隆三十五年（一七七〇）建立，深受需要祈求海運平安的漁夫和貿易商愛戴，成為當地的信仰中心。天后宮正殿內有兩塊匾額，一塊是后德配天，另一塊則是靈昭海國。後者是光緒二年（一八七六）重建天后宮時，當時的最大的塹郊（新竹郊商）金長和所獻。

日治時期，天后宮曾做為香山警察分署。原先的木造結構因年久失修，又於大正十一年（一九二二）重建。雕刻手法反映了大正年間的時代風格。宮內有不少有年代的古物，包括臨海風格的石頭牆、八角紅地磚、青石柱、金紙製成的軟身媽祖像、石製香爐。此外，左右過水懸掛大鼓與銅鐘各一，有「敲鐘雷鼓」之意。

日治後期，在皇民化運動的背景下，媽祖像與香爐皆受到破壞，大銅鐘也被徵收融化重鑄武器。而香山天后宮所供奉的媽祖中，有一座被稱為「落難媽祖」。祂原是新竹市西門街內天后宮的媽祖，日治時期差點遭日本人燒燬，被信徒送到香山避難。戰後，西門街天后宮想迎回此尊媽祖，媽祖卻不願意離開，想在香山保祐在地人。

走在香山天后宮廣場上，九降風讓我的身體跟著擺盪，嘗試坐在朝山曬船橋一旁的凸起平台，這是「朝山舊海堤」。起初，海堤離天后宮相當靠近，隨著海岸線後移，舊海堤也離蔚藍越來越遠。

看著海岸線變化的居民，會想念靠近他的日子嗎？

【不在台北的內湖與南港】

再往南走，快到香山與竹南的交界處，這裡因鹽港溪通過，過去也成為一小

內湖老街。

清峰超級生鮮市場。

市集，稱為「內湖」。如果不強調內湖老街在新竹香山，多數人可能會認為在台北。更有趣的是，香山內湖隔著鹽港溪的對岸便是香山南港地區，海線的鐵路過鹽港溪後就跟台一線分離，改沿著南港路走到苗栗縣竹南崎頂地區，所以無論在哪，內湖似乎就會連著南港！

內湖一地象徵港口文化的興起及衰退。靠近鹽水港溪的內湖庄，在陸運尚不發達時，港口成為鄰近貨品交易樞紐。兩地往返船隻貿易便相當頻繁，也逐漸在此形成老街市集。菜販、肉攤、魚店群聚，清晨開始，叫賣聲不絕於耳。

內山地方還種植甘蔗，當地人小時候都走五分路上學，有時偷抽甘蔗，成為童年最趣味的回憶。日本殖民時，鐵道部於此設內湖乘降場。早在清代，許多百年老店經營至今，老字號雜貨店、布庄、藥

Dye 業的藍染工作室。

房，一代傳過一代。如今仍坐落於老街一角，在都市高樓中保留一息古樸氛圍。

老街尾端，一幢老舊的兩層樓樓房，上頭掛著嶄新的小牌寫著「Dye 業」，這是我重回香山的理由，尋找老街新立的職人工作室。靦腆的 Dye 業是我過去在新竹策展時邀展的藝術家，他對藍染藝術的沉迷令人屏息。沒有想像中藝術工作室的浪漫，這裡到處都是隨意的痕跡，也反映出其性格。就像偶爾會爬上染缸的貓咪一樣，他專注的是如何讓藍染這項工藝更有溫度。

雖然藍染沒有味道，但我的鼻腔卻又聞到了玉蘭花的香味，那是屬於香山的味道，就在不遠處的山上，有全台灣

香山山區的玉蘭花田。

最大的玉蘭花產地。Dye 業加深了香山的藍，但尋找綠的動力，或許是我下次再來香山的理由。在暮麻（客語：形容黃昏與夜晚交界的魔幻時刻）時刻，我回到海山漁港，看著堤防上的阿伯釣著魚，我猶豫著是否該跟他說聲「Nga'ayho」（阿美族語：你好）。

輯

二

撲火・與城鄉一起墮落

新竹縣湖口、新豐 • 苗栗頭份、竹南 • 台中市區 • 台南市區 • 高雄市區

HSINCHU

知曉

日常無常，不如猖狂

新竹縣湖口、新豐

這是一座猖狂的城市，人們在巨大廣場中的方盒子裡穿梭，只有下班時，才能在回家路上，看看自己生活地方的日常。日復一日，車子無時不在排隊等下交流道。過了湖口就開始塞車，很折磨人。

新竹科學園區的外溢效益，鄰近的新豐和湖口成為居住熱點，但也僅限於居住和其衍生而來的消費活動形塑。同屬新竹縣的北埔、關西及內灣，因客委會的經費挹注，而有萬眾矚目的「台三線藝術季」品牌。

【兩個被遺忘的聚落】

湖口和新豐就像是無人知曉的孤兒，無人伸手。

同樣都是被指定的客家鄉，處在台一線的湖口，可能被認為沒有觀光資源，也無法串聯，而被忽略。至於有一定比例客家人的新豐鄉，則不被認為是客家鄉。真實存在的閩南與客家衝突故事，不只是過往的械鬥歷史，也實踐於日常生活。

在湖口搭計程車時，曾聽司機說著，一位原住民小孩讀小學時，被迫在閩南和客家人形成的小團體選邊站的故事。

移工在老湖口天主堂禮拜。

族群並非穩定不變，看看假日的老湖口天主堂與新豐山崎天主堂，移工成為教務能維繫的主力。專注在某一族群的特殊活動，雖能增進族裔認同，卻也繼續強化已成形的族裔邊界。台三線藝術季進不來這邊，有沒有可能跟族裔的變化有關呢？

旅人只認為這是屬於移工的工業城市，而否定了文化，把這裡想的多麼不堪。在新竹高鐵站下車，我一輩子都買不起的豪宅，鄙夷的看著我。臉頰炙熱的我，趕快租了台 UBike，想離開這座比台北還要浮誇的城市。

在竹北與新豐交界處的鳳山溪，還保留著第二代鳳山溪的紅磚橋墩。從山崎到竹北，是騎腳踏車會有極限快感的轉彎下坡。古人比較文雅，認為此地氣勢如虹、宛若蛟龍，現稱為「蟠龍鐵道」。

思念太猖狂，一個冷不防，記憶就被狠甩在腦後。

第二代鳳山溪橋橋墩。

【被自己鞋帶絆倒的短跑選手】

這座城市前進的太快，無暇顧及可以串聯整個台灣的故事。他只想加速前進，把其他地方拋遠遠的。這樣的比較心態，在華人敘事下成長的我們，怎麼可能不了解呢？

山崎過去不是新豐的市區，卻受益於後站的湖口工業區，新豐火車站乘客數每年都在上升，甚至大於一旁的湖口和竹北。絕大多數在湖口工業區上班的民眾，仰賴著新豐火車站通勤。凡事可利用的，資本都不會錯過，老屋新生便是受歡迎的生意，老終於可以在夾縫中活著。第二代新豐火車站活著的原因，便是星巴克利用了廢棄的舊站體，轉為咖啡廳使用。

關於新豐的行政區「新庄子」，又是另外一首歌了。

他是被自己鞋帶絆倒的短跑選手，連評審都不站在他這邊。把火車站和工業區等資源給了山崎，新庄子只能延續，但所剩的老屋也是寥寥無幾。這個離紅毛

新豐新庄子的徐榮建洋樓。

港不遠的市區，過去因為海港而興起，不過被鐵路和台一線拋棄的他，現在也很難與因火車站興起的山崎一較高下。

新豐國中對面，有一棟新豐占地最廣的建築「徐榮建洋樓」。建於昭和十三年（一九三八），邀請的老師傅都相當資深，再加上彩釉磚外牆和檜木家具，所費不貲。站在洋樓的露台上，不僅能擁有一整片花園，還能俯瞰整座城市，令人妒忌的富貴生活。徐氏祖先以經商起家，慢慢購地墾拓，清末時期土地從新竹到桃園觀音，租墾佃農九千多戶。早年徐家在政商界深具影響力，從新竹廳（州）官派鄉長、參議員等民意代表，都由徐姓仕紳擔任。

新庄子外頭有一棟，掛著「眾望所歸」

新豐新庄子的老診所。

匾額的洋樓，過去是間診所。欄杆與附近徐榮建洋樓有點相似。雖然沒有太多資訊，但這應該也是徐家的產業。除了徐家之外，散居在湖口、新豐地區的各大家族，形塑了這兩座相鄰城市的故事，卻被硬生生拆散。

相較於湖口，新豐可說是記憶被忽視和拔除的城市。

如同那座曾經的紅毛飛行場，戰爭結束後，失去它原有的功能後，就成為龐大的廢棄物。國民黨政府來台後，為了安置國軍退役的官兵，鼓勵他們以農墾為業，將飛行場轉為大同農場，後來又改稱為新竹農場。

現在只剩下平原間矗立的兩座大水塔。其中一座水塔位於白的極亮眼的俞慶堂祖厝旁，兩護龍還是土角的。從祖厝走出一位手

紅毛飛行場的消防水塔。

持鋤頭、頭戴斗笠的老先生，雖然是要下田，但卻穿著斯文得體，感覺應該也有一番故事。詢問老先生有沒有進去過水塔，他說他小時候會在水塔附近玩。

年過八旬的老先生表示，這座水塔大概在他六、七歲時所蓋。那時日本政府召集了來自桃竹苗等地的勞動者，到紅毛蓋飛行場和其他的軍用設施。不過水塔蓋好後，日軍便戰敗，所以在老先生的記憶中，這座水塔並沒有啟用過。

問老先生說怎麼沒想過把這座水塔敲掉，他只簡單回我，「把他拆掉很費工，不如就留在這裡，還可以當儲藏室。」雖然很少人知道紅毛飛行場的故事，但這兩座水塔就這樣守在民宅旁，成為新豐田間獨特的風景。

一旁的湖口繼續擔綱著陸軍軍事要地的位置。

湖口老街。

【湖口曾是往返中壢新竹的中繼站】

湖口老街是遊客會蜻蜓點水的地方，對老街的故事不聞不問，全衝著老街而來。光緒十九年（一八九三），劉銘傳鐵路開通並設了「大湖口驛」，大湖口成為往返中壢和新竹兩座大城（站）間的中繼站，火車站前的商業開始蓬勃發展。

配合著日本政府市區改正計畫，也著眼於鐵路帶來的貿易前景，這裡的大地主羅氏家族出土地，號召商號與鄉紳們在此興建一條筆直且整齊的市街。這條街當初稱為「新街」，不過對現在的我們，它其實就是湖口老街。

大正時期的街屋，從三元宮延伸到天主堂旁，從建築物就能看出當時興建的順序與發展

老湖口天主堂。

邏輯。老湖口天主堂前有一木製小驛站，提醒我們這裡曾經有座火車站，其實在天主堂一旁就能看到當時的月台遺跡，但無人知曉。

老湖口天主堂是於民國四十八年（一九四九），因義大利籍神父滿思謙覺得原有教堂不敷使用，遂跟父母借錢，籌建現在的天主堂。我挺難想像的，父母願意借錢給兒子蓋教堂，絲毫沒有對未來的擔憂，只有對教務的虔誠。我只是說要借錢辦展覽，就惹來一身碎念了。

天主堂如雙臂般的階梯，像是環抱著祈禱者。平台下與階梯間自然形成了一處壁龕，安置著一尊聖母像。天主堂的建築立面以洗石子牆、垂直分割列狀的彩色拼貼玻璃與十字架為主要元素，在挑高的鋼筋混泥土結構與雙斜面屋頂影響下，塑造出高聳莊嚴的意象。

除了建築外，老湖口天主堂內有一本《英客字典》，這是當初的滿思謙神父為了在客家庄傳教所編輯而成，可見他傳教真的下了不少苦心。

劉銘傳鐵道遺跡。

天主堂旁的宿舍，現有新豐青年經營著「小窩口 Pizza」，不妨吃著結合創意口味的披薩，翻翻複製本的英客字典，思考義大利和湖口的神祕連結。

光緒十九年（一八九三）開始營運的基隆至新竹鐵道，因為楊梅到竹北的地勢關係，受限於技術問題，不斷改線，也留下不少遺跡。認識一位大哥，跟我提起了小時候還看過劉銘傳鐵路的故

天主堂旁的小窩口 Pizza。

事。只是長大後想要尋回那段父親帶他走過的鐵路，卻找不著了。

橋墩遺跡在湖南村的糞箕溪床邊，雖不是第一代，但也是光緒十三年（一八八七）所興建，磚造橋墩的遺跡。橋墩早被發現，過去也有做規劃，現在卻不被人所知，滿可惜的。只能說夜長夢還多，你就不要想起我，如果失去湖口的鐵道記憶，這座猖狂的城市，應該也不知道痛吧？

湖口的故事，還可以繼續往前推，那就得往波羅汶走。

【波羅汶是南來北往必經之地】

雍正年間，湖口地區早有廣東陸豐人前來拓墾。因為波羅汶地區為南來北往必會經過的地方，葉留任便開設飯店，提供商旅休憩之處。據說當時葉留任的母親，每日會塗抹白粉三次，經常頂著白臉在外指導行者方向，因此人人尊稱她為「婆老粉」，後來甚至以此名命庄。

波羅汶在乾隆二十二年（一七五七）由道卡斯族竹塹社領墾，但領墾後未移居，也未墾殖。乾隆五十九年（一七九四），竹塹社錢家召集漢人佃農，開墾波

波羅汶三元宮前土角厝。

羅汶東邊的王爺壟、南勢、崩坡缺等地，這讓波羅汶周邊多了陳家、彭家、葉家等宗族在此定居。嘉慶年間，波羅汶的水圳陸續開闢完成，並拓墾至大湖口、羊喜窩、畚箕窩等地區。也是這個時候，不少宗族陸續從台灣其他地方，二次遷徙至湖口開墾且定居。

漢人移民在荒地中開墾，時常需要藉助宗教來慰撫困苦與辛勞。嘉慶初年（一七九六），特地從新豐中崙地區的三界公廟，崇請三官大帝刈香，並聘明師暫擇吉地搭壇敬奉。僅讓三官大帝寄居於壇中，似乎不甚妥當。

咸豐二年（一八五二），張裕光、陳榮章及波羅汶、中崙、番子湖、南勢、上北勢、下北勢等八大庄信眾出錢出力，創設了「三元宮」。就此三元宮成為波羅汶的聚落中心，並由周邊八大庄輪值祭典。當地民眾在廟宇落成後，認為婆老粉這地名不夠文雅，就改稱為波羅汶。而在正殿可以看到，一塊於咸豐四年

波羅汶三元宮內匾額。

（一八五四）由地方信眾雕刻的匾額「天恩浩蕩」。

波羅汶因地理位置剛好在舊官道間，開啟了他的繁盛。而他也有一條連接新豐紅毛港的官路，不只聯繫了兩大庄，更是貨物由東向西運送至港口的必要道路。乾隆、嘉慶時，湖口這個地名，其實是在波羅汶之下的。不過，新官道的開設對波羅汶有極為重大的影響，他改道大湖口，不經波羅汶；再加上紅毛港逐漸淤積，至港口的官路重要性也降低。到了同治年間，大湖口更是自己成立一個總理區。

【成也交通，敗也交通】

甚至到光緒十一年（一八八五），湖口地區僅剩下大湖口總理區，確立了波羅汶就此衰微的命運，尤其劉銘傳鐵路又改設站於大湖口，大湖口車站前的街道成為湖口地區最繁華的地方。不過，明治四十年（一九〇七）大湖口公學校卻是

大湖口公學校遺址。

設在新豐中崙和湖口波羅汶的交界，也是兩地唯一的官舍學校。後來的新湖國小、湖口國小、新豐國小及鳳岡國小，都是從大湖口公學校獨立而出，更可見他的開創性。

這塊石碑《大湖口公學校之跡》是昭和十年（一九三五）廢校時，由吳永標老師所撰寫，記載了創設大湖口公學校、後改名為中崙公學校、並在各地設立分校的經過，極具價值。很可惜的是，大湖口公學校除了石碑外，僅剩下校門的兩根磚柱留存，難以想像當時學校原貌。不過基於對湖口新豐發展、教育史的重要性，民國九十年（二〇〇一）

波羅汶磚窯廠遺跡。

列為文化資產，這也是新豐地區唯一名列文化資產的古蹟。

大湖口公學校遺址能夠保存，其實有賴於地方人士陳森茂先生，捐資購買了十二位地主共有的校地基地，才能成立一個紀念園區。相較於大湖口公學校遺址，張氏三合院「金鑑堂」就沒那麼幸運，民國一〇七年（二〇一八）被屋主拆除後，造訪波羅汶的旅人們再也看不到這地方難得的紅磚土角厝老屋。真的滿可惜的，畢竟張昆及其宗族與湖口地方發展的歷史有著非常深厚的關係。那波羅汶還剩下些什麼呢？

如果一座城市，不了解自己的開始，甚至發展的過去，是不是挺讓人悲傷呢？在湖口進行田野調查時，就曾聽說湖口、新豐地區有磚窯場，但我一直以為早就拆除，卻沒想到這幾年湖口的保存運動才剛開始。湖口、新豐磚窯業興盛這件事，就像當時我在問新竹糖業鐵路車站一樣，活在七十歲以上長者的記憶中。磚瓦窯業因為運輸的關係，都會選在方便運輸磚瓦的車站附近，像新豐便是以山崎、松柏林為最。

然而，湖口磚窯廠聚集之處，竟是在鐵路只有呼嘯經過、但沒有設站的波羅汶。若當年金鑑堂沒有拆，配合著大湖口公學校遺址，還有波羅汶因官道而成湖口最早發展聚落的地方等原因，再加上近代聲勢浩大的磚窯產業，這個邊界之地，不至於像現在這般乏人問津。

【公民意識崛起的古蹟保存】

說到邊界，湖口和新豐的邊界有兩個有趣的現象。

新竹工業區設在兩地邊界，卻帶動了靠近邊界的山崎地區成長，這也促使山崎地區的磚瓦遺跡快速被取代。而在附近的波羅汶磚窯廠卻因位屬大圓山陣地、因軍事用地而被遺忘，或保護。草逐漸將連環窯給掩埋，即使空拍也是看不到他的。

因為新竹縣政府要設置湖口生命園區，引發湖口和新豐兩地的居民抗爭，才讓湖口新豐僅存的磚窯場能重見於世。

波羅汶磚窯廠煙囪。

我跟著保存團體，走在實際為園區計畫的土地，割了不少荒煙蔓草，才發現以前老人家嘴裡碎碎念的湖口磚窯產業是真的存在。

生命園區背後盤根錯節的死亡利益我不想多談，但在保存的背後，可以看到公民意識的崛起。他們不只關心自身利益，也關注這個城市的歷史。即使不是他們的家，他們依然守護著，這些無名氏，帶著良善與記憶，前進著。

MIAOLI

有無

可有可無，共度虛無

苗栗頭份、竹南

書寫地方，或說成為一名部落客，轉變了我的生活方式。當中，我最有感的是與人關係的改變。我不是一個很會拒絕的人，甚至有點強迫。每一位邀請我到某個地方走走、去看某場展覽、甚至去聽音樂會的朋友，我都將他視為禮物，而沒有拒絕。沒有不代表我都欣然同意，我學不會拒絕才是真的可惡。

可惡到偶爾因為行程卡到，要趕場，我可能遲到，甚至直接取消邀約。可惡到我因為情緒不好，不太習慣那個環境，就開始逃避。我曾經思考為什麼會這樣，或許是害怕被討厭、害怕彼此不舒服，卻造成雙方皆輸的局面。最後的反撲，可想而知，我變得恍恍惚惚，甚至覺得自己在這個領域可有可無，於是繼續獨行，甚至想要放棄。

於是，我仍舊被資本主義的價值觀框著，生活的美好在其運作下，只能是幻想，而被傷得體無完膚。我不確定，過去我這麼喜歡去「廢棄」的老地方，究竟是真心嚮往，還是試圖與殘缺和邊緣逼近。我要求的只是真實而已，為了自己突如其來的感觸，一時糊塗，成為令人討厭的信徒。

對即將逝去的駱駝，綠洲可有可無；對沙漠化的綠洲，水源可有可無。一切是如此環環相扣。對社會所設下的任何規制，我們所受的傷，相較來說，是這麼

的可有可無。就連反撲，都顯得乏力。如果我能成為力挽狂瀾的獅子，而不是吞吞吐吐的駱駝，一切就能改變

【從公路局到國光客運的變革】

國光客運頭份站。

「公路局」這個名詞早已被時代逐漸淡忘，我沒有經歷過公路總局的時期，倒是後來不少公路總局變成國光客運站，所以記憶也只有國光客運站這個名詞。

成立於民國九十年（二〇〇一）的國光客運與民國三十五年（一九四六）成立的公路局中間，還有一個台灣汽車客運公司，簡稱叫台汽，是民國六十九年（一九八〇）從公路局分出來的。雖然國光客運歷史不長，但這些從台汽或公路局

國光客運頭份站的圓形站體。

時代就陪伴大家的客運站，倒可算是地方重要的交通文化襲產，只是不少老的國光客運站面臨拆除遷址的命運。

頭份的國光客運站在民國一〇四年（二〇一五）時，從原本位於中華路圖書館對面的位置，遷移至車流量較大的自強路。後來因臨時站設置影響交通，對乘客也較不便，改與苗栗客運做整合，成為頭份轉運站。慶幸的是，原本的國光客運頭份站站體還保存著，這樣子留著到底算是，可有，還是可無呢？

舊國光客運頭份站外面有一座公車亭，不知是搭往哪裡的。旁邊還有一間「圓光排肉餐盒」，是以前在國光客運搭車旅客熟悉的好味道。有點類似鐵路便當，就是一個排肉餐盒，不過會附加貢丸湯，成為頭份有名的公路便當。圓光排肉餐盒，現在已經傳承至第三代，而第一代早於民國五十年（一九六一），就在頭份公路局車站賣起便當，所以頭份客運站的歷史也有近六十年之久。

【日月站體曾是南下北上的交通樞紐】

以前好像滿多北上或南下的客運都會在頭份車稍作休息，這也是這間圓光排肉餐盒能夠存活這麼久的原因，即使國光客運早就遷址，人潮還是絡繹不絕。之所以會在頭份站休息，應該與當年公路局將公路分成五個運路段，第一路段是基隆至頭份，第二路段是頭份至西螺有關。再加上高速公路開通前，走省道的公路客運，會把頭份當成山海線的中途站，也讓頭份站在交通運輸上的重要地位。

老客運站所留下的資訊，應該可以為客運最後運作研究的參考。以前台北南下嘉義、北港、台中的客運，都得在頭份轉車，現在應該只會停台中站。月台上還掛著往板橋的招牌，這條一八五〇線在三年前（二〇一七）就停駛了。售票口的窗台當然也是關著，可以看到上面的時刻表，台北還是最多班次。舊頭份國光

國光客運頭份站售票處。

客運站應該是多數頭份人共有的記憶，畢竟頭份沒有火車站，要搭車前往其他鄰近鄉鎮，還需要坐公車到竹南轉火車。

走進位於市區內的客運站，直接上客運到台灣其他大城市，對以前的頭份人來說，應該是最方便的方式。不過隨著交通習慣的改變，即使新的頭份客運站，剩餘的班次也只有頭份到台北這條線而已。內部雖然雜物堆疊，但一些重要的物件還留著，能夠想像當時車站的繁華景象。頭份站最迷人之處就是他的「日月」站體。日與夜對我們生理時鐘相當重要，或許當初建築師早就考慮了客運站的重要性，只是沒想到，時間卻如此神祕地甩了他一巴掌。

頭份永寧義渡碑。

【陸運不發達時的中港溪義渡】

如果公車太快，或許我們可以將速度感再放慢一點，再往前深探頭份的交通史。如何讓對面有著山產的三灣、公館居民能來頭份貿易，是陸運還沒這麼發達之前的難題。中港溪是苗栗頗為重要的河流，從南庄開始，流經三灣、頭份、造橋，最後在後龍與竹南之間流入台灣海峽。

中港溪水流湍急，清朝時，因架設橋梁技術沒那麼好，許多溪流設有浮橋或渡船，以供兩岸通行，而船夫便會收取「渡費」做工資。在頭份的東興大橋，有一座可能為道光年間建立的「頂頭屋福德祠」，旁邊有一塊石碑，就是在講述收渡

中港官渡碑。

竹南泉松醫院。

費這件事。

剛開始沒有統一的收取渡費標準，常常發生買賣糾紛。清朝為杜絕這類情事，於道光二十三年（一八四三）制定義渡章程，由官府出資結合民間勸募購置田園、招佃耕種，以收取的稻穀僱請船夫義渡來往的商旅，並在南岸河畔福德祠立碑。

義渡在那時似乎滿常見的，苗栗就有頭份的永寧義渡、公館義渡，以及苑裡鎮房裡里那一座。除了義渡之外，中港溪也是當時淡水廳選定六條危險河川設置官渡。乾隆五十二年（一七八七）設立中港官渡，購買船隻，僱用船夫，民眾隨到就可坐船到對岸的地方之一。而中港溪搭船的地方，就在現在的塭仔頭漁港，目前設有「中港溪官義渡生態公園」。現在很難想像當時交通有多麼不利，感覺就像搭計程車被亂喊價，也許可以考慮在計程車站旁設碑？相較於台灣客運站的殘缺或拆除，以前的人似乎更盛重的對待渡河這件事。畢竟，生命與賺錢，一剎那或許就可無了。

【竹南鐵路倉庫的活化再利用】

中山 168。

與頭份如同雙生火焰般的竹南，客運站只是一根柱子設在火車站前。竹南的歷史，從原本因航運發達的中港，轉為有鐵路經過的火車站。因山海線交會的功用，竹南站有了大而嶄新的站體。除了人的停留之外，鐵路也肩負貨物運送的任務，那鐵路倉庫就是負責貨品的停留、盤點與照顧。不少火車站都有倉庫存在，且現況大多不太樂觀。

竹南做為轉運站，同樣有倉庫在火車站旁，

竹南五穀宮。

五穀宮旁「穀街」。

在沒有遇見伯樂前，台鐵是準備拆除這些倉庫的。而在地五十年老鐘表店的徐嘉明與Tina，獨具慧眼，憑藉自己的建築美學，重新設計這座倉庫為工作室及展覽空間。雖然承租期間歷經風風雨雨，但竹南二號倉庫也成功轉型為「文化空間・中山168」，展出了竹南、頭份不少職人的作品。同時開工藝課程、講座及展覽，讓這座鐵路倉庫的活化，不只是建築再利用而已，更能帶動區域的串聯及想像。

交織著他人的期待與自身的幻想，現階段的我與頭份轉運站，或許覺得自己可有可無。然而，我和他都想要將日子好好過，不用多令人羨慕，不用再煩惱別人對我們的多嘴，認為我們有多難交陪。我們或許沒有竹南火車站二號倉庫的幸運，卻也不想繼續勒索安撫。順著後站的竹南五穀宮「神農大帝」的指引，我在一旁的五谷街上的麵包店「穀街」買了一份禮物送給彼此，有關時間的大禮。

TAICHUNG

觀眾

主動打壓，被動撻伐

台中市區

天外天戲院。

深深覺得自己是一座城市的觀眾，讓我身陷他所形塑的環境，去體驗，去理解，甚至愛上他。我僅只是他的一名觀眾，對其在舞台上遇到的各種問題，即使想上前阻止，也無能為力。更多時候，我是名被動的觀眾，在有人想要剝除他身上的任何一塊時，卻只能跟著惋惜、緬懷。

【天外天戲院，後火車站的最後見證】

滿難想像台中後火車站（東區）過去曾是台灣省城所在；現在的大魯閣新時代廣場，過去曾是監工省城建造的吳鸞旂公館，公館於民國七十四年（一九八五）拆除。在輕工業環伺的環境下，天外天戲院可說是吳家在台中後火車站最後的見證，也是東區難得留下的戲院建築，卻仍因城市發展而岌岌可

天外天戲院屋頂。

危。

昭和八年（一九三三），吳子瑜出資十五萬改建自家劇場，並由台灣總督府技師齋藤辰次郎設計。三年後，竣工啟用，並命名為「天外天劇場」。劇場有三層樓的空間，可容納六百三十席觀眾，偌大的空間還設置了食堂、咖啡廳、跳舞場與茶店，為當時台灣規模最大的民營歐式戲院。只能說當時的吳子瑜，若穿越到現代，應該可以把天外天活化成另外一間大魯閣吧！

二戰時，台灣總督府與吳家協商，將吳公館部分廂房與戲院的部分空間，做為台灣總督府台中農林專門學校（今國立中興大學）的臨時學生宿舍。戰後，戲院只開業一年，便因票房不佳虧損而宣告停業。後來出售給王博，改名「國際大戲院」，最後因台中激烈的戲院市場競爭，於民國五十三年（一九六四）全

國際大戲院。

面結束營業。

而後，劇場建物轉做太源冷凍廠（泰源冷凍廠）經營之用，也曾轉做鴿舍與釣蝦場經營。雖然戲院建築因此有些改變，但更服膺於當時後站黑手工業的地景。關於天外天的保存運動，則是從二〇一四到二〇二一年，長達七年之久。

或許七年之癢這件事是真的，我只能說當時的地方政府與中央政府合作演了一齣戲，明面裡在關懷，背地裡在耍壞。最後的結果，背棄了台中的歷史紋理，及保存團體的訴求。還記得那年的那天，路過台中後火車站時，看見怪手將一扇門高高舉起，再將其重重摔落在後方的廢物堆裡。

有誰會想在高聲稱讚後，再被人賞一巴掌

呢？即使是，也沒有人會想活得這麼卑微。在我的眼裡，只能將無奈藏起，靜靜的看著他們成為最優雅的殘骸。每次看到這種場景，就想上前去問：「是否可以將這塊送我？」即使只是，將他框起來，送給自己，掛在牆壁，繼續坐在觀眾席上嘆息。

【時代巨輪迅速清空老戲院】

東海大樓。

整個台中老城區，曾經出現過的老戲院，應該超過十間，卻無法抵擋時間快轉對他們的摧殘。台中第一間老戲院為明治三十五年的台中座。二戰後，由當時的台灣電影公司接收，改名為台中戲院，民國六十六年（一九七七）停業。

因為地處中心地段，停業後旋即與隔壁的吉本百貨進行重建，多家公司合資興建「北屋

東宮戲院。

百貨投資大廈」。後來因經營不善，改由台隆塑膠成立龍心百貨股份有限公司。或許是周邊過於競爭，再加上台中市區移轉的關係，即使誠品進駐，也改變不了台中人消費習慣隨之變遷的事實。

既然商業行不通，但這裡還握有台中高昂的地產，那該怎麼辦呢？往住宅發展是好選擇。走在中區的小巷裡，不時會發現一些老屋被拆除，等著在坪數不大的地，蓋符合現代人需求的樓房。除了天外天戲院外，我也目睹過曾有東海戲院與1+1影城的東海大樓，從建築的最後身影到都更完成的新樣貌，只能以觸目驚心來形容這段過程。

即使擴大到整個台中市，就連東勢區也無法抵擋這波開發攻勢。東勢這座小鎮曾經有四間戲院，包括金城、衍延、東勢及東宮。前三座一座目前是空地（八方雲集旁），另一座改建為住宅，不脫台灣許多老戲院的結果，東宮戲院建築能在熱鬧的豐勢路留下來一段時間，其實算幸運了。雖然拆除的謠言不斷從耳邊傳來，而我還在心裡彩排何時該再去看他一眼時，建築物清空的消息傳來，突然感覺到疼痛。

【現實情境中的非誠勿擾】

我只能在文字上繫念著他。創立於民國四十九年（一九六〇）的東宮戲院，立面相當引人注目，左邊略帶有垂直柱裝飾，特別凸出屋頂許多，可能是想做為東勢的地標吧！另一側二樓則有個大圓窗，比例與旁邊的方窗協調的剛剛好。當時還有廣告車仔穿梭豐勢路兩端，以客家話播送「東宮戲院的廣告車仔出來廣告……」。

合作大樓。

我不確定台中市區什麼時候會再有記憶遺失。這幾年，我拚命的記錄，說服自己，把他們通通拍下來，他們就能夠知道，我是在乎的。近乎偏執，幾乎每走兩步路，我就要停下來，努力成為

豪華大戲院。

光復玉市。

一台監視攝影機，無死角、無限時的拍。即使是面目瘡痍的木窗，我也盡力說服自己看到他們的美。

即使身旁偶爾傳來一句，「這不就是一扇破門」。我會當他們是分心的觀眾，而我選擇破門而入，闖進去看看裡面是否同樣殘破。我大意了。做為一位觀眾，我太投入了，投入到這些被存進相機的，只是沒靈魂的畫面，也無所謂。是那件事讓我停下來的，當我遇到真正不願被拍的人。

我一心想要拍光復玉市上頭的老招牌與窗戶，視而不見在騎樓下躲躲閃閃的人們。「你在拍什麼？」要把沉迷的人從深陷其中的事物拉回，就像捷運行駛時的後座力，我極力抵擋，卻還是得回應現實。「上面的老窗戶很美。」我說。「你不要拍到我們，也不要上傳，到時候警察又會來找麻煩。」

我低著頭，說聲抱歉，大步跨越馬路，走進玉市建築裡，排解被提醒的尷尬與內疚。我是在戲院裡大聲嚷嚷劇本寫不好的觀眾，這一聲喚回，才發現自己的介入沒有意義。更仔細地說，我只對建築物和記憶眷戀，卻忘了不斷在時空中停滯、流動的人們。喃喃自語著「非誠勿擾、非誠勿擾、非誠勿擾」。

玉市所在的合作大樓像是異世界，人群在內與外各自流動，卻對彼此蓋上了印記，這樣的劃分是什麼時候開始的呢？日治時期，這棟大樓的所在地為台中第一代武德殿。民國四十一年（一九五二）成為私立宜寧中學校地，並於十年後，遷校至復興路。同時，合作大樓開始興建，由林論下建築師所設計。

大樓中間的商業空間，設計為劇場與商店街。地下室曾為金馬遊藝場，一樓白金柏青哥，二、三樓則為豪華大戲院、聯美歌廳。聯美歌廳曾為越南賭王阮正義所有，後來脫手；豪華大戲院則於 SARS 期間倒閉。大概是聯美歌廳與金馬遊藝場所歇業後開始，合作大樓的玉市便逐漸成形。

玉市興起的原因與合作大樓的攤位出租方式有關，不是月租，而是採日租，所以可以只租單日，這些攤販方便聚集，便形成玉市，甚至樓上的套房空間也轉變為玉商的倉庫。為了脫離剛剛的不適感，慌亂地走上二樓，戲院關著的大門，讓我意識到自己上演了一場鬧劇。

【各安天命的城市成長脈絡】

竹圍場。

沒錢的人生或許就是一場鬧劇，每回搭客運在朝馬下車，周遭的豪宅總讓我有強烈的疏離感，只想趕快搭公車到舊城區，尋找與我相同的頻率。但我也很好奇，許多年輕人都買不起房子，到底是哪些人、基於什麼樣的人生目標、從事什麼工作，能夠住進這一棟比一棟還要誇飾的豪宅。

如果我就連人生都只能成為他人

森玉戲院。

貪嗔痴的觀眾，又如何能逃離被比較的循環，最後再自虐的對自己考察。我不確定住在裡面的人是否覺得，自己過著小時候期待的人生。只知道，很多人都被迫做著自己不喜歡的事。合作大樓遇見的阿姨躲躲藏藏，而我也為自己的孤身，隱藏在綠川旁的背包客棧，暗自神傷。

不能說偶爾，要說經常，有不被認同的感覺。我會獨自在台中的夜晚裡奔馳，這是我發洩不安的一種方式，用速拍這座城市不常被人看到的面向，讓我感覺自己不被人看到的一面，還有這些老屋能夠共享。

我會永遠記得，自由路二段

三十五巷內那三層樓的樓房，一直猜測他是工廠、還是旅店。現在看不到他了，得不得到答案，似乎也沒那麼重要。過了柳川旁的台灣大道五一一巷，過去曾是像基隆委託行商圈一樣的街道，現在凋零了，卻富有神祕感。

坐落在柳川旁，屬於台灣人出資在台中的第一間戲院「樂舞台」，早就轉型成只為某些住客服務的地方。有些則岌岌可危，像是附近還能找到尚留著的森玉戲院，以及做為台中第八市場的竹圍市場，我只能期盼他們不會轉成為記憶。

其實，台中並沒有這麼不堪，還是有許多人為了這些老屋和自己相信的價值，這樣的生活著。中區的「窯座」，是戰後的步登公寓，現在轉型為有藝術家進駐的藝術空間，樓下還有園藝店「草草一生」。看著老公寓前濃郁且充滿質感的綠意，我想在這不安的城市，植物都能找到自己的棲所。人，也應該為環境的變化，學會釋然的方法，徒留感傷的忽然內耗，確實難受。

窯座。

TAINAN

變化
忽然・然後

台南市區

忽然，我在夜裡睜開了眼，車子早就下了高速公路，在市區裡兜圈，「終點站．台南轉運站」。我打了幾個噴嚏，忘記捂上鼻子，斜對面的乘客在收行李時，瞄了一眼。翻找著衛生紙，除了擤掉鼻涕外，也掩飾自己的尷尬。走下客運，緊張地跟司機打了聲招呼，深怕他開始想像，半夜沒帶什麼行李來台南的人，到底在做什麼勾當。

我內心，有太多不必要的小劇場，質疑未知的然後。

【在台南能觀看不同的思考路徑】

冬天，入夜的台南依舊寒冷。我還是得為自己三、四點了還沒睡，一股氣跑到台南這件事情，尋覓忽然。來台南市，通常有特定目標，無非是去看展，或參與其他地方少有的藝術活動。做為台灣藝術空間第二多的城市，我能觀看到不同於台北的思考路徑。

然而，美術館與藝廊都沒有這麼早開。即使是上次亂鑽小巷遇見的，廢棄菜市場樓上的咖啡廳「鬼咖啡」，半夜兩點就關門了。很喜歡坐在那間咖啡店外頭的座位，屋頂那刻意的破洞，有時我會把他當成可以宣洩的出口，如同岸汐職人花園的功用。

這種擦肩而過的時間感，不是挺好受。蹲坐在古物遍布的台南公園，對現階段的我，並不是什麼意氣風發的事。焦躁地拿起手機，尋找一顆跟我一樣寂寞的

鬼咖啡位於老市場樓上。

心，與我作伴，一起等待天光。我們，再各自分離，不需要糾結彼此。

我有必要拖別人下水，一起熬夜變老嗎？

就這樣消磨半小時，一陣冷風吹過，忽然間想通，沒有誰是該在這個時候擁抱我的。選擇放棄工整的台南公園，投入轉運站至鴨母寮市場間，那些雜亂不堪的小巷。這與我現在腦筋打結的思緒相似，也與我錯亂無序的人生軌跡相仿。

白天走過很多遍的訓練，即使是沒有月光的夜，憑著刺眼路燈，還是能辨別該走哪一條小巷。偶爾會刻意走錯路，只為了看早上不會出現、但現在卻與我心靈相通的影子。偶爾是枯萎的花、偶爾是花窗、偶爾是一隻懶散不願動作的貓，我不會去驚動他們。畢竟這種忽然不是誰都能承受，我還是做一個踽踽獨行的人吧！

【偶遇巷弄間的清代土地公廟】

我很愛幻想，這解決了大多數人夜晚獨自行走在路上感到的無聊。除了與影子聯誼之外，我也會考察建築與巷子，在白天與夜晚的不同之處。「鎮轅境頂土

鎮轅境頂土地公廟。

地公廟」是一間藏在不少老舊樓房間的土地公廟，若走在總爺古道上，勢必得來這裡與土地公打聲招呼。畢竟是古都，就連這間看起來小巧的土地公廟，都歷史悠久。

「鎮轅境頂土地公廟」是間清代官建的廟宇，原名為「總鎮署東轅門土地祠」。乾隆五年（一七四〇）總兵何勉捐資，在總鎮署周圍興建土城，俗稱「大營盤城」。以清朝慣例文武衙門興建完成的結構，於左方興建土地祠，奉祀土地公，此為鎮轅境頂土地公廟之前身。

日治時期，廟宇改由民間管理，同時改廟名為「鎮轅境」，廟內現存有明治四十二年（一九〇九）的匾額，為這廟宇跨代的歷史做了見證。除了匾額外，仔細觀察這間廟宇，會發現他與其他土地公廟相較的特殊之處。戰後兩次的重建，設了前後兩殿，龍虎門、廟內彩繪和壁堵格扇十分精美，讓人驚覺此廟並非等閒之輩啊！

台南最知名的巷子，莫過於被不少社群媒體介紹及遊人喜愛的蝸牛巷。我也喜歡那樣的迷路感，但台南能讓人走不出去的，不是只有這邊的街區。通常，我到蝸牛巷，都是前往「絕對空間」看展。

曾經，我帶一位朋友到絕對空間看一場以水管做為媒材、布滿整個空間的展。「讓觀眾一頭霧水是這間替代空間的特質。」他說道。這與絕對空間的定位也相符，一個不受限制的創作平台，讓人在藝術家創作裡思考其意義中，迷路，再好不過。

絕對空間。

我不會在蝸牛巷迷路，但鎮北坊這裡有蜈蚣穴支撐，那數不完的腳所形成的支線，試著想把我留住。我自認為方向感極好，但偶爾還是會在這街區迷路。不過迷路也就迷路了，繼續然後的旅程，或許比跟隨行程要教人歡心。

【原來，台南也是有改變的事物】

會與蜈蚣有關，可以推至日治時期。這裡街道兩側店舖林立，而頂土地公廟位處蜈蚣頭的位置，那些狹窄、崎嶇的街道類似蜈蚣的觸鬚，而有此稱。台南經歷過大大小小的市區整治，總爺老街早失了當初的繁華，但還是能發現屹立存在的老店。

百年老房子支撐著百年老店，而門口有著不少跟著網路攻略而來的遊客的「連得堂餅家」。靠著老機器的運轉，還能支撐新世代所需要的口味。在快要走到觀

新東亞大旅社的室內。

新東亞大旅社門口。

音亭的街區中，有一間開窗多到無法忽略的老旅店「新東亞大旅社」。從過去的明興旅社，到現在的新東亞大旅社，也有超過六十年的歷史。愛屋及烏的後代，讓這棟老房子，在保存內部過往的同時，也與設計師商量，讓他更能服膺於當代社會的運作。

走到這時，天剛微亮，暖意充滿了我的心房。有好幾次累到在大觀音亭前睡著，然後迷濛看向眼前車水馬龍的成功路，「我是誰？」、「我怎麼在這裡」的疑惑，一次次在這裡反覆上演，就像平行時空般，總是懷著同樣的心情與疲憊，看著香爐裡的火焰燃燒著。有時我會跟觀音說話，特別是感到失神、茫然的時候，會用一個祕密跟祂交換一日好天。

大觀音亭。

重安戲院。

通常，台南的晴天就能燒醒我夜裡的焦躁。一旁的鴨母寮市場萬頭攢動，我沒有想擠進去攪和的念頭。遠望著全聯，尖形屋頂與露台不像是這個時代該有的產物。問了一下攤販，原來這裡過去是「重安戲院」。原來，台南也是有改變的事物。踏著階梯，走上全聯，卻懷著不一樣的心境，記憶被安置在一角，等人遺忘。

【台南小巷都會讓人有鑽進去的衝動】

人潮攢動，怕人的我，搭上公車，在建成市場下車。台南最早開門的藝廊，當屬「大新美術館」。七點多就抵達的我，不急著逛市場，而是先鑽進公園路旁邊迷人的小巷。老實說，台南市區的小巷都會有讓人鑽進去的衝動，就像遇見初戀情人那樣臉紅心跳。

還記得《俗女養成記2》中，有一集女主角的爸爸牽著初戀情人的手，在台

台南北區透天的裝飾 heic。

南紅磚巷弄中跟隨光影奔跑，追逐著彼此的青春燦爛。「你這輩子沒做過壞事嗎？」也許不是吃霸王餐，活在無數規制網絡下的我們，奢求的可能只是一點自由和能夠喘息的空間。我其實也想要有人能夠拉著我在街道奔跑。

我想，這天做的最大壞事，是吃了三份早餐。

大新美術館坐落在建築師發揮功力、塑造出形式截然不同透天的巷子，這是台南有趣的地方。有時候是成排的老屋，有時候是各出奇招的透天。而這些透天的坪數，剛好可以容納一間兼具展覽、實作的大型藝廊。

企業家王慶祥，在台南連續開了兩間大型藝廊。一個是在公園國小對面的「甘樂阿舍美術館」，原是想要展出藝術家曾英棟的大件作品，並當成工作室使用。改造了中華電信辦公室的三層樓建築，不捨空間

大新美術館。

甘樂阿舍美術館。

只做為工作室，而成為具有寬敞空間看展的藝廊。

大新美術館則是王慶祥投資的另外一個空間。倡議著「藝術森林計畫」的他，於民國一〇七年（二〇一八）改造了舊廠房，變身為一間支持台灣南部中青輩藝術家的私人美術館。美術館的建築立面白裡透光，想像不出原本是廠房的模樣。走進內部，挑高的空間，甚至可以容納巨型的裝置作品。

看完大新美術館的展覽後，原本想再往北騎去「不存在劇場」。相較於大新美術館，這是更為獨特的藝術空間。我曾經聽岸汐職人的主理人ＥＪ提過，畢竟在同溫層，其實之前就有追蹤這個劇場了。

不存在劇場是台南替代空間中，較為特別的存在。藝術形式以表演藝術為主，企圖透過舞台藝術不同的呈現方式，思考人存在的本質與界限，再往內探討情感和文化層面。也因為常常與不同藝術類型跨界合作的關係，他們的活動看起來都相當有趣。只是我每次都跟他們活動時間錯過，就像愛人一樣。

不存在劇場沒有開，我便朝地圖上寫著「大港」的地方出發。

【大港，傳統職人工藝精采紛呈】

台灣地名總有不少雷同，每每發現都會將另一地的既定印象，套在他身上。台南有不少港，更讓人好奇為什麼這裡會被稱為大港。早期位處台江內海的西港居民，經由港汊，意外發現這片未經開發的海埔地，原先經過的港汊，則成先民出海捕魚的水路及停泊船板、竹筏的港，故稱之為「大港」，而緊鄰大港的村落就被稱之為「大港寮」。

現在的大港雖然緊鄰河流，卻早無水鄉澤國的地景，取而代之的是藏有不少

榫卯工坊。

大港聚落看到的鞋楦。

職人的微型工業。聽著機械聲，我偷窺了好幾個工廠。嘴裡念著「客廳即工廠」，這個小時候課本的名詞，狀況卻大不相同，沒有密集的人力加工，取而代之是較為自由且具傳承態度的節奏。聞到木頭的味道，我偷窺的更為仔細。

以為會招來責罵，沒想到是歡迎我進工坊參觀的招呼。「榫卯」是傳統木構建築及家具營造文化裡的重要連接零件，不打鐵釘的榫卯，僅靠著木材的特性，結合匠師純熟、流暢、獨特的木作工法，便能發展出上百種安裝方便、拆解過程不損本體的連結方式。

位於大港的榫卯工坊，由製作傳統神轎的木工師傅領軍，除了製作神轎外，還將榫卯用在不同的現代家具上，讓這個技法能更為人所知。帶我參觀的師傅，也帶我走到了隔壁的印刷廠。

丞億印刷燙金社。

不熟悉機具的我，對這些機械知識有聽沒懂，但著迷於職人們工作時眼中所散發的熱忱。

回到台南市區，我延續慣性地看展動作。

成功路的海馬迴，以影像為空間專長；節點，常常有國外藝術家前來駐村，去年看的「Soil Dogs 土狗」相當亮眼；土星，台南最令人驚喜的陶藝教室與藝廊，所邀請的陶藝家，每次的作品，都突破我對陶藝的單薄想像。

繞完這一整圈，就到了看日出的時間。如果想看海，不一定得等到漁光島藝

上｜海馬迴光華館。
中｜節點。
下｜土星。

術節時。雖然藝術節會遇見一些有趣的攤位，去年我就遇見台南有趣的茶店品牌「磨磨茶」。

【每個聚落都有自己的風情】

沿著南區的各個鯤鯓往南走，每一個聚落都有自己獨特的風情，也都可以找一個看海的好地方。鯤鯓指台江內海上那些濱外沙洲，當中只有四鯤鯓還保留老名，其他都不以鯤鯓為名了。四鯤鯓下一個聚落就是喜樹，所以有人認為他就是五鯤鯓，接下去的灣裡則為六鯤鯓。

喜樹舊聚落的古厝多半都被拋棄，木梁橫倒，瓦片散落一地。聚落有幾個主要的姓氏，郭姓、蔡姓、黃姓和鄭姓。其中，蔡家的勢力最為龐大，留存蔡氏宗祠為蔡家四、五房的祖厝，有一百七十多年的歷史。這應該是喜樹保存最好、同時是最老的古厝，一磚一瓦都是從中國運來。鄭家古厝也挺大器的，屋脊上有花

漁光島藝術節遇見磨磨茶。

磚裝飾，正廳大門上有書卷與扁額做造型的門額，上頭寫著「滎陽傳芳」。

各鯤鯓聚落都擅長的產業為靠海吃飯的養殖漁業。

明治三十七年（一九〇四），鹽埕、喜樹、灣裡三庄居民申請，在今省躬里開闢新式瓦盤鹽田，並成立台南製鹽公司。也因運鹽的關係，有一條從喜樹到台南西市場的輕便鐵道，載送著喜樹生產的鹽及漁獲到市區的大菜市。台南市南區喜樹圖書館前便是過去的車仔寮，雖然早已看不到枕木軌道，但有裝置藝術象徵著那時的車站。

與不少直轄市一樣，合併之後，各區域發展不均，但台南市的北區和南區都是舊台南市範疇，卻因資源過度集中在台南市區，連觀光權威資訊上都很少有他們的蹤跡。台南在某一天忽然成為觀光勝地，怎麼租車都租不到，民宿也很難訂。然後，我開始往不一樣的地方走，與其混雜在人群中，不如走出屬於自己的小天地。

KAOHSIUNG

密室

不想逃出，市場餘味

高雄市區

當有人說台北不是好居住的城市時，我會反駁，述說著台北人視為理所當然的好處。做為一個享受首都豐沛文化資源的僥倖者，不為他說話，對不起他所給予我的。偶爾，我會被貼上天龍人的標籤。說實話，我不否認台北有時會讓我不太舒服。不是外界常質疑的台北人太冷漠，而是太擁擠，人與人之間的互動需要瞻前顧後，無法直截了當。

我們喜歡拐彎抹角，像是喜歡走彎道的老鼠。

在台北冷過頭時，我會化身成一隻老鼠，聞到哪裡沒有人的氣味，就往哪鑽。從家裡的電梯開始，躲在人的腳底。縮在一角，偷偷跟上別人坐的計程車，閉眼，轉運站，搭上時間剛剛好的客運往南走。我不確定對心情有沒有差，但聞得到鹽味的城市，剛好可以餵飽想在陽光下獨自行走的老鼠。

為了稱職做好一隻老鼠，在港都，我看到市場，就往裡頭鑽。

即使偶爾看到自己的同類，我還是會感到害怕。

【百年歷史的楠梓市場】

楠梓第一市場外圍店家。

楠梓第一市場內部。

午後的楠梓第一市場，只有外頭的店家，有三三兩兩的人選購著。我伺機而動。抬頭，是最討厭的ＰＣ浪板，我習慣在如暗夜般的環境獨自遊走。採光是給予人的，我們老鼠不需要。

不少資料都寫說楠梓市場有百年歷史，可追溯至日治時期，卻沒有給予確切的時間。只知道日治時代曾經在原市場位置建立「楠梓町青果市場」，戰後因場地過小，而將楠梓批發、果菜等二處市場遷移至右昌。當時的高雄市府，將原本的果菜市場用地，委託民間投資興建市場，並於民國六十八年（一九七九）開始營運。

我在彎彎曲曲的市場裡爬行著，偶爾會不小心走出市場，偷偷溜進一間古厝。市場旁緊挨著古厝，沒有確切的地理界線，應該能證明楠梓市場的老。只是中鋼、高雄煉油廠及楠梓加工出口區的設置，人口快速湧入這座城市居住，市場也跟著擴建。

除了古厝，楠梓東街西側，靠近旗楠公路的地方，日治時期曾設有「楠梓公共浴場」。日本政府於大正元年（一九一二）在各地溫泉區開發公共浴場。八年後，地方制度改革後，浴場經營權轉由地方，各地市街庄及民間團體大肆設置公共浴場，養成服膺於當時健康衛生的好習慣，公共浴場事業也被納入了社會救助項目。

楠梓市區古厝。

楠梓公共浴場大概是在大正十二年（一九二三）興建，身為一隻老鼠，我知道的太多了。幸好現在沒有公共浴場，如果不小心掉入浴池內，有可能就爬不出來了。不過那時候的人們，會買完菜就去公共浴場洗澡嗎？這我無法肯定。

唯一能肯定的是，應該有人買完菜，就到楠梓東街上的戲院打發時間，偷聽市場外圍老店家的對話。戰後，這裡設有楠梓劇場，後來曾經改名為興楠戲院。

楠梓第一市場外面的老招牌。

永安碾米工廠。

可惜他在民國七十七年（一九八八）結束營業後，不久就拆除，蓋了樓房。不然，我還可以潛入市場內尋找看戲者掉落的餅乾屑。

永安碾米工廠的牌樓，在楠梓東街格外醒目。這座碾米工廠的發展比楠梓市場更為神祕，網路上幾乎找不到資料，然後不是把我帶到靠海的永安區，就是羅列了台灣其他名為永安的碾米廠，數量還不少。林家和楊家，都是楠梓地區的大家族，在右昌有精美的古厝。而碾米廠上寫的陳，不確定是否為楠梓大家族，但能經營碾米廠，應該也頗有勢力。

說到右昌，有一群年輕人致力於讓右昌的地方故事能夠被更多人知曉，自行籌辦了「後昌路季」。我那時候正在東部的市場覓食，忘記了與「重返空間」老闆的約定，沒有參與到這場盛事頗為遺憾。

「重返空間」後昌路季。

【透過碰撞，創造不同】

雖然我是一隻老鼠，但我是不被同類喜歡的老鼠。時常趁藝廊門打開時，偷偷溜進去，看那些我輪迴成為人後，才有可能創作的作品。重返空間老闆曾任廣告導演，民國一〇一年（二〇一二）返鄉，開設了這間位於後昌路上、要爬樓梯到二樓的咖啡廳。

「重返空間」展覽。

白房子的定位，再加上透光的窗戶，整間展場相當明亮。曾經在這裡看過關於貓的攝影展，雖然牠們常常追我們，但這些作品，頓時讓我覺得牠們並不可怕。銀色的吧檯，配上可以躺坐的露營椅，讓看展的氛圍更為放鬆。除了老闆所關注的攝影外，重返空間也嘗試辦了不少工作坊，致力成為北高雄的藝文串聯平台。

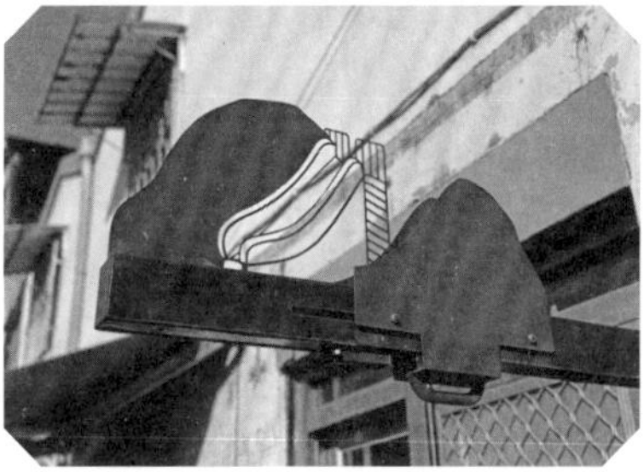

三民區「噪山」（已搬遷至鹽埕區）。

高雄的藝廊大多集中在駁二駐守的鹽埕區，不適合怕人來到南部的我。三塊厝火車站後方，靜謐小巷裡的「噪山」。會發現這裡，是有一次我從民生市場所在的吉林街緩步走到安東街，看見外面有一間老屋，掛著充滿視覺風格的招牌，便大膽開門走了進去。

雖然這裡離海比較近，山區要搭車快一個小時才能到達。不過主理人就是想透過不同藝術家的碰撞、推擠，在這個空間創造出不同形式的山。而躁字，更精準地傳達，這個空間接受任何的觀點，以及意外。躁動的我，也時常在這看些很躁動的作品，卻產生緩和情緒的效果。

若檢視日治時期地圖，當時三民區最熱鬧的地方應該是三塊厝地區，除了靠近鹽埕之外，還有火車經過，服務於當地的居民與初步工業需求。大正年間，高雄經濟和工業重心東移，三塊厝成為高雄工業發展的核心地帶。當時包括磚窯工廠和鐵路的興建，使其成為一個繁忙的貨運樞紐，吸引大量勞動人口在此聚集，並帶動周邊地區的發展。

然而，產業終會轉移，三塊厝車站的重要性減弱。

高雄市的老市場很多，無論是人潮依舊洶湧的，還是廢棄的，我都會鑽。當然，後者難以遇到同類，當我吃飽喝足時，就會去那休息。「我是隻怪老鼠。」他們都這麼說。

【現代城市充滿不一樣的空間紋理】

三民區民生市場。

在高醫附近，印象中有安生市場與民生市場。二者市場的空間紋理相差很多，前者是經過整理的現代化市場，後者則是傳統街道菜市場的樣貌。我比較喜歡後者。我能夠跳到攤位上，看著用來趕蚊子的紅色綁帶，像是拿著彩帶的芭蕾舞者。再跳上寫著新鮮西點麵包的老招牌，鍛鍊自己的平衡感。

三民區面積相當大，我還是不確定哪裡才是三民的市區。畢竟這裡是由許多聚落所組成，包括三塊厝、大港、灣仔內、寶珠溝、獅頭、本館、富鼎金。灣仔內和其他幾個聚落行政區的劃分歷史挺有趣的，日治中期曾被劃入蔦松，國民黨政府來台後則給了左營，後來又與三塊厝合併。

在民族一路和建工路的安全島上，有一大塊綠色的路牌寫著灣仔內，往右手邊鼎山路的方向看，會看到幾塊一九八、九〇年代的老招牌，那應該就是灣仔內街區。前面掛著紅燈籠的是建於乾隆中葉的「灣仔內朝天宮」。該廟始建於清乾隆年間，是地方的信仰中心，供奉天上聖母（媽祖），長期以來為當地居民祈求平安的場所。

會有灣仔內的地名，與水有關。愛河、寶珠溝與愛河K幹線三條水道分別流經這塊土地的東、南、北三面，被水文包夾著便成為此地的特色，並衍生出地名。三塊厝與灣仔內的戲院其實都不少，灣子內的戲院集中在高雄第二市場周遭，包括明城、全球、芝麻影劇院。

在路口處買了一杯仙草，自三塊厝過來的我，從汗水就能看出自己剛剛多努力走到這裡。阿姨看準了我的疲憊，她說要讓台北的老鼠嘗嘗看南部仙草的力量。嗯，我喝不出來差別，但人情味讓這杯仙草分數更高了些。

我在吃仙草時，她描述著灣仔內過去的地景。市場周圍過去都是稻田，這種景象只能在老地圖或照片看到。現在這裡早已成為密集的住宅區。阿姨的仙草攤上面有塊看起來很厚重的老招牌「永豐布莊」，布莊大概於民國六十七年（一九七八）所開。我第一次看到傳統菜市場用這種價格應該不斐的招牌，更能想像第二市場過去的盛景。

三民第二市場。

沒什麼好挑的，一隻社會底層的老鼠，只能乖乖吃著撿來的食物。如果擔心吃太久沒營養的東西，我會到永定街上的「泥作根地」。會與老闆結緣，和我常常遊走於高雄各個市場有關。

這是一間以根莖類手作料理為主，特別強調沙拉和健康飲食的餐廳。名字靈感來自台語「土跤」，象徵與土地和自然的連結，還帶有一絲人味。就是這股人味，讓我想起我是個人，於是認真的在名字有創意的菜單，點了菇鄉的滋味。在密室裡太久了，即使逃出，還是要選擇有市場菜味的料理，才無愧我對人世間的美好，如此想念。

輯

三

回音・擁抱記憶裡的痕跡

台中大甲、大安、外埔 • 彰化溪湖、永靖、埔心 •

雲林崙背、二崙 • 嘉義義竹、鹿草 • 台南鹽水、新營

TAICHUNG

漫等

如果可以，日落前找你

台中大甲、大安、外埔

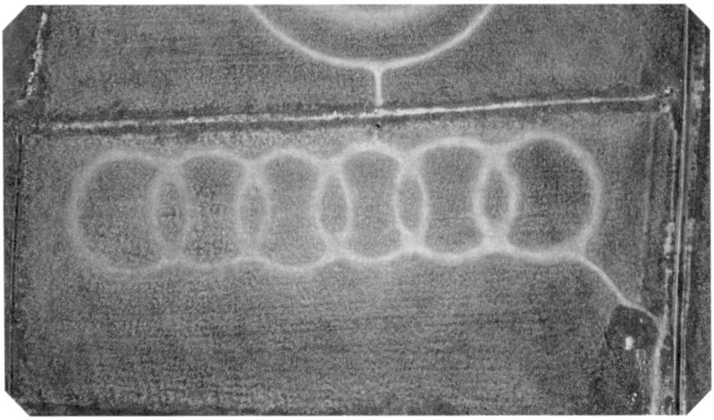

外埔的小麥田。

我不知道我爸喜歡什麼，我們的相處模式，與一些家庭可能相似，但我總覺得有些病態。他愛吃的，強迫我吃；我愛喝的，他不讓我喝；我喜歡的，他無情扔掉；他認為應該要達到的，我經常半途而廢。這份工作也是，他覺得我不可能做到死，應該要培養一個喜歡當公務員的興趣。我算反骨嗎？還是我的青春期太晚來，臉上雖然不會再長痘痘，心裡面的痤瘡卻連環孳生，我們在暗中培養桿菌。

長大後的出遊，都是我來計畫，算是我爸認可我工作上需要的一些能力嗎？只是我從不知道他喜歡去哪裡，一開始我會討好，在行程中適度加入長輩會喜歡的景點，而我會踏查的小聚落，越來越縮小。直到我發現，他好像對哪裡都沒興趣。不知道他載我出門的理由是什麼，因我們總是在車上互相折磨，我需要檢查他碎碎念、不符合當代價值觀的部分，也害怕接下來的景點，他不喜歡。永遠都沒有喜劇收場，或只是安穩的旅行，即使我這麼期待。

如果我們都能對彼此溫柔一點就好，就像小麥喜歡生長在涼爽、乾燥的環境，所以苗栗以南、台南以北都適合小麥種植，但離我出生的地方，還遠著呢。做為溫帶植物的他，在台灣種植，最適合的季節為秋末至春初。那時候的外埔有著小麥田，近年台灣很喜歡拿大片農業地景做些藝術，吸引人來打卡。我以為我爸會喜歡，結果我又猜錯了。

那幾天的情緒，因為辦展覽有些焦慮。在排定的旅行計畫中，有他不喜歡的景點而被調侃後，我選擇在海線較有人煙的大甲下車。要他想去哪裡就去哪，而我在這座小鎮遊走。心累的我，沒有照所說的話，在大甲旅行。我累了，直接在大甲能找到最便宜的旅社休息。

旅館連轉身都顯得擁擠，被子連腳都蓋不上，我怪把自己生了一個不高也不矮的身高。這是對當下無法解決處境的宣洩，被咒罵的永遠是他。以為他會回來找我，但我沒接到他的電話。兩個人都喜歡用冷暴力解決事情，比晚上鑽進被窩

大安黃宅細節。

裡的溫度還冷。今天，因寒流來又下降了幾度。

【雖然同名同姓，性格卻天差地遠】

很好，不用顧他，可以照自己原本的行程走，騎上UBike，沿著縣道十八，往大安市區前進。在異地碰見與台北同地名的地方，會忍不住好奇，上前看看。這是條鄉間小路，沿途只有散落的工廠較為醒目外，一切僅季節變化的一成不變。頂莊是大安區的行政中心，這裡有區裡少數的便利商店。與台北大安區，只是同名同姓，個性卻天差地遠。

在政天宮旁有一間古厝「黃宅」，古厝較一旁的廟退縮。原為三合院，但在經歷昭和十年（一九三五）台灣中部大地震後，就改建成現在的模樣。黃宅最醒目的便是花磚的層層疊疊，一、二樓選擇了綠色系圖紋的花

大安沙丘。

磚樣，與二樓本該是綠釉瓶的花瓶欄杆相呼應，像是藝術家在嘗試其他的視覺方法。有趣的是，花磚擺放的位置，一樓是在洗石子灰白格中的欄杆下，鋪設更多花磚，創造出不同的美感，讓人目眩神迷。

繞了村莊（或說市區）一圈，還是不理解這裡為何會是市區，便決定騎行到大安區最早的開發地。冬天的頂莊，因東北季風的加持，下車時忘記拿外套的我，邊騎腳踏車邊發抖。更何況，我要騎到靠海的老街。與觀音草漯相比，大安沙丘沒有這麼連綿，再加上冬天競爭出席率的陰天，沙看起來沒有這麼白。

防砂老石牆。

沿著海堤，與一路上不斷旋轉的風車相伴，直到看見如蓮花基座般的大型建築物，那是「大安港媽祖文化園區」。我對當代的建築興趣不高，反而居民在民國四十年（一九五一）為防止東北季風帶來的泥沙，築起的防砂老石牆及牆內的形式結構，比較能觸動我的神經。我鑽進小城門，來回走在平行的三條小巷。

【留不住人的地方，都是不用再提的過去】

人，都是怕冷的。即使築了牆，還是抵擋不了自然界的狂風猛獸，或說村裡面的八卦與保守。沒有工作機會，出外看過世界的年輕人，很少人願意待在這個港口。即使他在台灣歷史中扮演很重要的角色，但那都是不用再提的過去。老街外曾有的港口，名為「海翁窟港」，雍正九年（一七三一）闢港，是做為大甲街外港而繁榮的地方，甚至能與鹿港平起平坐。

當時，大安港內船帆數不勝數。酒店、儲存商品的倉庫、流行的鴉片間林立。直到明治三十一年（一八九八）的一場海嘯，像是嫉妒這裡的美好，衝著大安港來。原本港灣以西的石線被沖毀，沒有天然屏障，夾在大安溪與大甲溪兩條大河中間的大安港，淤積著泥沙。大安港沒落是漸進的過程，能夠從行政中心轉移及老街人去樓空的景象理解。

海墩老街。

雖然因海運而繁華的過去在日治初期就逐漸蕭條，但這裡有日治時期第一個州營海水浴場。大正十二年（一九二三），人們利用東洋製糖月眉原料所的輕便軌道接駁。盛夏時，享受帶點暖意的海風，與腳追逐在沙灘印子上劇烈的溫度反差。一九二七年東洋製糖併入大日本製糖後不久，原有輕便軌道開始改鋪五分車鐵道，

海墩老街上的老屋。

外埔許氏洋樓。

這條營業線又被稱為日糖線或大日本社線，一九二九年正式通車運轉，終站設大安港驛，使得前往海水浴場的交通時間大幅縮短。

我在這裡看海到接近黃昏，便騎車前往鐵砧山腳，顧名思義是在鐵砧山之下，與大甲東都是現在外埔區最早開發的聚落。騎到那已經日落，黑暗中，一隻瞳孔震驚地盯著我。「你怎麼都這個時間才來找我？」我有些不好意思，早上才想著，今天一定要清晰地看到他們的容貌。又因自己的貪玩與好奇，花了太多時間在計畫以外的事情上。

【湮沒於時代中曾經繁華的古洋樓】

直盯著我的是在長生路一側的「外埔許氏

外埔黃氏洋樓。

洋樓」，兩次來這，都只能看見他的線條。顏色也只能從曝光後的照片，低解析度中解讀。許家祖籍福建同安，一世祖許飯於光緒年間來台，先在后里貓仔坑一帶開墾，其子許其琛則從后里挑柴到大安海口賣，回程再挑鹽回后里賣。積累到一定程度後，就搬到鐵砧山腳買土地開墾。許其琛另有五子，長子天催曾任外埔庄長，對后里圳的開發頗有貢獻。

許氏洋樓最經典之處應該在他的老虎窗，雖然都已破損，但仍看得出樣貌，讓我想起在羅馬尼亞小鎮上看到的眼睛屋。另外一個重點，在其具古典風格的車寄，線條運用相當俐落，再加上圖騰，與上面的老虎窗相映成趣。

對面小巷裡則有「黃氏洋樓」。黃氏洋樓無法直視正面，因這裡還加裝了鐵門，甚至還

野人讀冊店。

有警報器，可能之前有不少人擅自闖入吧！黃氏是外埔另一大家族，與對面的許氏有深厚的關係。黃家原本是開墾後湖，曾招贅許氏，共理家業，經營得當，便買下外埔鐵山村、大甲郵局等土地。

黃氏洋樓是水泥結構的西式建築，可以看到他洗石子牆面上還有方、圓等窗戶設計，屋頂是四坡水覆蓋黑瓦，結合了中式、西式、和式作法，看起來極為壯闊且神祕，可惜也無人居住和整修。

【去標籤化的與外在妥協】

我又下了一層山，在大甲市區的邊緣，孤寂又慌亂的交通中，唯一透光的玻璃窗內，木質用眼睛就能聞到。這是外埔、大甲、大安僅有的書店「野人讀冊店」，店內的選書相當有個性。開了七年的咖啡廳，因緣際會在兩年前重新整理營運模式，有了另一個消費空間：書店。老闆不諱言，「她不是文青。」突然去標籤化，指正外人對獨立書店與文青劃上等號的壞習慣，我也陷入文青該長什麼樣的困惑中。

有什麼標籤其實不重要，知道自己在做什麼，與自己想要什麼，及能為彼此的未來規劃，已經是我無法妄想達到的成熟了。拿起桌上心理諮商所的名片，聽著老闆與地方合作的過程和理念。我想我會慢慢等，等到日落後，我成熟了，有機會成為一位照護者時，我會再回來。

「日南」，雖然隸屬於大甲區，卻要過橋到大安溪對面。這是一個具有時間性及方向性的地名，對常常過了一天、卻沒有達到任何既定目標的我，有著強烈吸引力。似乎只要到達日南，所有的困難便能迎刃而解，就像漫畫主角般熱血、偉大的結局在那兒等我。畫面一定要伴隨著火紅的太陽，在海平面上垂落，一切都閃閃發光，照亮壞人的陰暗面，及主角的相對英勇。

趕不上冬天太陽下山的速度，火車在停靠日南站

日南火車站。

時，只能靠日光燈勉強辨認，他與其他海線車站相似的破風造主結構。若非抬頭，我也不知道又有雙牛眼，躲在夜裡，凝望著我。「這麼晚了，什麼都看不見，你要去哪裡？」我卸了防備，那雙眼睛像是我爸，眼神裡保留了固執，行為上學會了順從。原來我想要的自我，不是英雄式的反抗，只是妥協，需要點面子罷了。照顧長不大的孩子，我應該原諒他所繼承的傷痕。

面對如此的父子關係，我後果自負。

CHANGHUA

意識

怕老的我，終究服老化

彰化溪湖、永靖、埔心

什麼時候意識到自己老了呢？社會化的洗禮，做為自己成長的牧師，當年水可能只灑一半。不想長大的我，活得像嬰兒般任性，也為此得罪不少人。心智年齡與真實年齡有些差距，當別人稱讚我還是大學生時。起初還會開心，後來開始質問，究竟是臉看起來稚嫩，還是行為很幼稚呢？常常講話不經過大腦，沒有成熟大人該有的樣子。

我總是後知後覺，在場合裡做了不適當的舉動，或是遇見陌生人對我示好，我就會乖乖告訴他我的全部，然後就被牽著鼻子走了。我可能比小孩還好騙。腦海中搜尋不到，爸媽要我小心陌生人的句子。我常想，如果我消失了，會不會在陌生街頭飛來一張寫著我名字的尋人啟事呢？

【有些本就該老的，就繼續留在那裡吧】

希望上面的照片好看一點，困於別人眼光的我，只有這點要求。固執算不算任性的要求？即使我的堅持都在雞毛蒜皮上，在開往彰化的車上，花了快一個小時，找經過活化過的老屋居住。搜尋不少關鍵字和訂房平台，最後在這次旅行計畫外的

鴉埠客棧×南華大旅社。

溪湖鎮，找到了一間六十多的老飯店。

當晚入住後，我又花了一個小時，重新規劃明天的行程。即使知道，自己永遠都完成不了排定的行程，但是狀況外的事情總是讓我分心。往返於台北和溪湖的老闆，是「南華大旅社」的第二代。老闆穿著典雅，話語節奏輕盈，是種自在的從容。我好奇著，她過去是怎麼生活的，能夠有強大卻溫柔的氣場。這是我未來想要成為的模樣。

與這間老旅社一樣，在原有的結構下，添增了老件改造的燈具和裝飾。有些本就該老的，繼續留在那，地板裂縫的磁磚，現在已經找不到相同的了。櫃檯後面藏著老式的入住須知，與客房內現代化的告示，我會選擇前者。我愛老，但我怕自己老，很弔詭吧！

「任性久了會養成習慣」，不少人這樣跟我說。腳開刀後不久，怕胖且怕老的我，又開始慢跑的生活。我尤其喜歡在陌生城市跑，陌生猶如黑洞，像著了魔一樣，直往裡衝。慢跑與騎腳踏車是不一樣的速度感。在彰化沿海駐村時，我只管不停地騎，用盡所有氣力，踩著腳踏板，沿著台十七線一路往北騎。

只想著明天要騎的比今天還遠，直到自行車落鏈，才意識到背棄過去狂飆的欲望之大，就連機器都撐不住，更何況是人呢？自以為是的自由，在沿海的狂風驅使下，速度感更顯強烈，身體下意識抵擋不住強風，腳踏車再次摔落，而我決定在彰化，要換個旅行方式。

溪湖市區建築。

這次意外的溪湖之行，選擇請朋友開車，借我爸的車。「溪湖是老地方，但被忽視好久了。」來往於台北、溪湖兩地居的姐姐跟我說著，語速的快感像是參加競讀比賽。屬於都市人的節奏，跟我一樣，即使到了他地，還是難以放開，多麼任性。

「這裡很少有店不超過三十年的。」三十年算久嗎？那這樣的我應該也很老了吧。那大我三輪的店

聽說以前是警察局。

永盛糙米店。

呢？「永盛糙米店」的老招牌吸引著我，阿姨似乎習慣旅客對復古招牌的眷戀，沒有任何的敵意，反而親切的招呼我。推薦了家住台北的老顧客，每次回來都會帶薏仁粉和麵茶粉，加在一起吃，很香。

我也買了跟那位顧客一樣的套裝組合，就跟台北人愛排隊一樣，也陷入沒有自己思考就從眾的道路，至少回家泡來喝後，是不失望的好喝，但台北那些排隊打卡店家，就不一定了。溪湖人習慣稱他們老街區為溪湖中街，是以員鹿路三段為中心，輻散的太平街、彰水路三段、員鹿路三段、二溪路一段，都有老街屋可以拍。

【如果只拍溪湖的話，廟那邊也很好拍】

溪湖人好像對自己的家鄉沒什麼自信，當我跟永

溪湖印務局。

溪湖街屋。

盛糙米店老闆的兒子聊天時，「你也可以去鹿港拍，那裡更多老屋。」他建議著我。鹿港是個讓我暈眩的城市，真要寫成書，光是挑要寫哪裡，我可以煩惱三個月吧！「如果只拍溪湖的話，廟那邊也很好拍。」看著微笑明顯上揚，我想，他其實更認同自己出生的家鄉。

不少人建議我一定要到員鹿路上的「滴答咖啡」看看，他是溪湖老屋新生的絕佳範例。立面上「金寶興」商號，念一遍就浮現出串堆珠寶落下的畫面。這是溪湖第一家銀樓，起建在日治時期，但我更被旁邊的「溪湖印造所」吸引。它不只老，也是對這座城市的認同，只是他沒有像金寶興前進那麼多。

金寶興內部夠深，還有一座迷人的小天井，才能讓狹窄的街屋，不用獨自負擔絡繹不絕的顧客。我仔細察看每一點建築細節，前面的磚造，後面的木造，

滴答咖啡老屋二樓後景。

還有那往上的木階梯，寫了一個禁止令。與這家店給我的感覺一樣，雖然給了這座城市起了老屋新生的模範，卻不能夠輕易了解他的故事。內部制式化的運轉，相同於台北，卻與溪湖的生活有了反差。就像子女只願為他換上新衣裳的老人，毫無生氣。

滴答咖啡旁邊，那繁忙的十字路口，有一棟三層樓清水磚建築吸引我的注意。一側寫著楊字，另一面則有「維新戲院」。走道騎樓下，堆積不少雜物，但上頭的木地板讓我仍願意為他駐足。維新醫院創辦人為楊維新，溪湖庄大突人，明治四十二年（一九〇九）出生，後遠赴日本昭和醫專求學。回台後，昭和八年（一九三四）在故鄉溪湖開設醫院。

這也是溪湖老屋活化的案例之一，曾經有

老醫院。

「糖鎮製造舍」承租空間進行修繕，企圖透過藝文的方式，活化整座小鎮。不確定現在還有沒有營運，看騎樓的樣子，似乎也沒機會看到裡面。我也曾自稱做地方的人，但內耗敵不過前進的動力，最後留下的只有對老屋的愧歉。

接著，我開到楊維新居住的大突尋找古厝。車子在不同彎曲且狹小的街道繞了好幾個圈，才找到幾間有人介紹過的古厝。在這邊，我花了快兩個小時吧，就是要找到那間最美的古厝。朋友勸我放棄，但我的任性還是折騰了他。我應該要意識到，自己的一些堅持，其實可以放掉的，可見還不夠灑脫。

大突古厝門口的獅子雕塑。

【每座城都留有族群邊界的故事】

彰化南部有不少福佬客，只是後代因周遭的人都講閩南語，而忘記客家話怎麼說。當我聽到騎腳踏車的阿姨，用我稍微聽懂的簡單客家單字，與商家購買東西時，才意識到。在溪湖荷婆崙，有一間「霖肇宮」，是客家人進入溪湖地區開墾時興建的廟宇，信奉著三山國王。

溪湖荷婆崙「霖肇宮」。

在桃竹苗多改以三官大帝為主神時，彰化地區還祀奉著三山國王，這是潛藏的族群性。那為何客家人要遮蔽自己呢？道光六年（一八二六），課本常聽到的閩客械鬥也在此地發生。溪湖的客家人逐漸退居到溪湖周圍較少人居住的埔心、永靖、田尾、社頭等地。在這樣族群敵視的環境下，還自行洗腦自己是福佬人，現在該正名為「福佬客」。廟內有一八三五年（道光十五年）知縣楊桂森所題

「霞盃勝地識文」的篆文石碑，還有一座荷蘭井，但都藏在廟後。

我喜歡這種關於族群邊界的故事，於是我到了永靖鄉，也是當時外逃客家人居住的區域。這裡有一座，我這趟旅程看到最精采的古厝，雖然他老的已經殘破不堪。

永靖的省心堂。

位在樹林後方的小巷中，約建於大正十二年（一九二三）的「省心堂」。起建者為黃松林，當時可是聘請中國匠師及永靖五福村的陳阿味負責營造。

入口兩側跳舞的交趾陶人偶，頗有異國風情。主體有梁柱木構雕刻精美的軒亭，營造出霸氣十足的入口。正身大廳只剩兩片板門，上前一窺裡頭，不知內部是哪位畫師所畫，相當典雅。正廳左右次間開有圓形竹節窗，圓窗四

「霖肇宮」後面的紅毛井。

荖葉溫室。

省心堂的交趾陶人偶。

周均為浮雕與彩繪，而左右稍間則為八卦窗，這些都是精緻古厝的常見語彙。只可惜沒有看到他最年輕氣盛的樣子，但我應該學會欣賞老的美。

在駛往有近六成福佬客人口的埔心鄉路上，會看見用黑網搭建的溫室，裡面種植的是荖葉。我是在台東的部落認識荖葉這個植物。沒想到永靖地區很早就開始種植荖葉，甚至有荖葉市場，這會不會又構成另一種族群關係呢？

【故居，是常民生活的有形紀錄】

埔心最出名的洋樓，就是黃三元故居。在網上查資料時，我也好奇〈素蘭小姐要出嫁〉

黃三元故居。

這首歌，便在串流上找來聽。可能很多人以為是伍佰唱的，但原唱其實是黃三元，也是他的成名曲。

這棟建築，是黃三元父親於一九四〇年代所建。均勻對稱，以及出龜的設計，上面設有觀景露台，俯瞰這座小鄉鎮。這種規模出現在那時代，和這地方，能夠想像黃家的氣勢。若以現代的眼光，這種土黃挺時尚好看的，但其實有政治因素。戰時，日本提倡軍國主義，鼓勵民眾興建有防空保護色的建築，此故居就是一個代表。

再往後走，有光

黃三元故居。

武舉人黃耀南古厝。

緒年間台灣最後一位武舉人黃耀南的故居，據說大廳上仍掛著「武魁」的匾額，但現在的屋主，不開放給外人參觀，門口的禁令格外刺眼。不過看看立面其實也就足夠了，特別是前方的拜亭，豐富了整幢建築。

聚落南方，過去曾有糖鐵員林線的其中一站二重湳，而原址有後來社區營造時興建的意象。這條由明治製糖株式會社開設的「鹿港線」，連接員林與溪湖兩端，後有巫厝站，前為坡心和南員林站，現只剩南員林站保有站體。員林其實也有滿多客家人

糖鐵之二重湳。

員林穀倉。

的，或許到那座城市，我可以在尋找客家的過程中，再次從城裡的老屋，思考該怎麼解決自己怕老這件事，或許我應該「服老」。

YUNLIN

開闔

離去歸來，一門之間

雲林崙背、二崙

崙背的油車戲院。

彰化沿海那些對私有產權保護的提醒，我以為只是當地的特殊現象。雖然鐵門拉起，卻不願陌生人佇足觀看，在台灣，還是有需要入境隨俗的地方。關上門，我也只能離去。之前曾經進行過雲林老戲院的調查，隔了四年，再次造訪崙背油車戲院。慣性重複著在台北的日常行為，拿起相機拍著遠方高樓莫名的天線。相機鏡頭在非觀光區的地方，是具有攻擊性的武器。對他們來說，這是日常的窺探，而我則被迎面而來的人高度檢視、質問。

【對觀光凝視的反抗】

田野調查，發現油車戲院的過程，自我植入自以為是的情感。不同於當地人的，他者的凝視。沒預料到會被嚴厲的訓斥，我想為自己辯解，卻顯得蒼白無力。原以為油車會一直為我開著那扇門，孰料回去時，猛然關門，把鑰匙鎖進，我承受不了這樣的難堪。自我設想的歸來，沒想到是空歡喜一場，只能倉促離去。

前一次，我還能悠哉的在閒置的油車市場隨意走動。看著攤販在原先的攤格裡圈養著雞。面對不同於上次的狀況，腦袋像是被綑綁、反鎖，只能結巴、道歉。蹲在戲院前的街屋哭著，即使哭根本沒有用。我深知，委屈如果不即刻流掉，這趟旅行，可能無法繼續。

我檢討著自己，那些對地方放的情感，有必要嗎？我應該避免那些可能被誤會的行為，也或者油車根本不歡迎我的到來。我不被喜歡，我自取其辱，我開始放大自己的渺小。是我變了，還是這地方變了呢？我選擇與油車戲院一樣緊閉那扇門，不再讓任何人進來了。甚至與油車有關的，都不願再探詢。就像舊情人般，我沒資格，再過問。

【在記憶迂迴，尋找他曾經的繁華】

周遭的一切沒什麼變，曾經的撞球間、三層樓旅館、招待來往商人的茶室。腦海中建構的油車記憶卻開始崩塌，記憶尋找的迂迴，我細數不了他曾經的繁華。老旅館對面，有間立面精美的街屋。上次為了找油車戲院，與店裡的九十幾歲阿嬤聊天許久，還能深刻回想當時交談的感覺。因語言不同，我們嘗試用各種方法讓彼此能溝通，卻是舒服的。

油車大姓李家是秀篆李氏，從詔安來的客家人。身在雲林就會自然改用台語跟陌生人說話，都忘記二崙、崙背地區是台灣重要的詔安客聚集區，意識到這是微型的偏見。然而，即使我台語再差勁，大部分的阿嬤都願意與我浪費時間在溝通上，我們能夠消磨的也只剩時間吧！建立的情感，則被一次誤解覆蓋。

油車李家。

我不再為油車停留，過去願意為其停留的過客，都是基於他處在台十九線上的位置，所帶來的商業與娛樂。現在繁華不再，他們離開了。而我不守規矩，亂了這裡該有的次序，少了我可能會比較容易。於是我逃回車上，成為放棄油車的一分子，往北在其他的記憶裡，尋找安慰。

【走過歷史進程的隨遇而安】

荷苞嶼安平宮。

我往北尋找另一扇門。「荷包嶼」這名字很美，小村莊的信仰中心是「安平宮」，根據廟中歷史，安平宮最早可以溯及康熙三十二年（一六九三）。荷苞嶼又稱「布嶼」，康熙年間有兩位信士從湄洲請來兩尊媽祖像，一尊放在布嶼的安平宮，另一則放在南投聖母宮。

附近的小巷裡，有一座特別的門樓，這

二崙荷苞嶼恆心堂。

是「二崙荷苞嶼恆心堂」。他在民國一〇五年（二〇一六）登錄為歷史建築。會登錄歷史建築其實有一大部分與這棟門樓有關。門樓是加強磚造的結構，外面用洗石子，以及特殊的白小口磁磚。巴洛克式的山牆中間，有一隻老鷹做雕飾，盡顯華貴、強勁。

山牆有色彩繽紛的彩色剪黏，兩側題字「共和×××大地普文明」。雨披上用了幾何的雕飾，上面更有花草的點綴，彰顯中西合併的氣質，而這也是他被列為文化資產最重要的原因。壞情緒跟隨我來到這裡，過去還能直接從正面穿越門樓，現在被蔓生的雜草覆蓋。

也許情緒的暴雨，滋潤著他們生長，讓不願說話的門樓，能夠包裹自己。門樓背面基本與正面相似，不過山牆的剪黏沒了，改成動章

二崙的李應昧故居。

裝飾，讓兩面呈現不同巧思。上頭的老鷹，不知道何時才能振翅飛翔。這一面的題字只有六個字「恕字終身可行」。恕，寬恕，第一次來看不懂的我，經過這回的洗禮，好像讀懂了什麼。

我太容易被別人的一句話，刺痛好不容易放寬的神經。努力學會不被情緒左右，是我的人生課題。才能寬恕彼此，與慣於在雨中的自己說聲，拜拜。在祀奉天上聖母的后儀宮後方，有上次沒找著的詔安客經典古厝，原來被巨樹叢遮起來了。

在鄉間小路迷路了許久，才繞到農會倉庫旁的小巷，沿著彎曲走到古厝正門。這曾經是二崙鄉第二大地主李應昧的故居。昭和六年（一九三一），他決定在永定村興建宅邸。可

「隨遇而安」匾額。

能他也是I人，即使曾富甲一方，卻興建了一棟面向南方、背對外頭人車來往頻繁的縣道、不輕易讓人瞧見的古厝。唯有繞個圈，看見有著麒麟的洗石子圍牆，及院牆柱頭的回字紋、卷草、燈為造型裝飾，才驚覺他的大器。

古厝內部，無論是正廳還是護龍的客廳、房間板壁，都有彰化伸港匠師柯煥章的彩繪作品。沒想到已經遠離海岸，若有似無的彰化海風還是跟著我。古厝正廳外，像是步口簷廊精雕細鑿的木構桁架，可謂精雕細鑿、華美富麗，而正廳次間台度下精美彩繪磁磚，還有洋人的出現，相當趣味。

忽然，我愣住了。正廳門楹上除了有八仙彩繪，還懸掛著「隨遇而安」匾額，像是安慰我旅程中躁動不安的心情。或許我可以試著在難過時，把傾瀉的眼淚寫成一首詩，來回應陌生人的躁動，寬慰彼此，就能擁有如李應昧故居敞開的大門上所寫，一切雲淡風輕。

二崙公有市場。

【時間會改變一個地方】

途經二崙市區沒在使用的市場建築，而它的前身其實是「二崙戲院」，戲院吸引了不少攤販，形成露天市場。戲院沒落後，政府為了整頓市場的樣貌，蓋了一棟公有市場。時間會改變一個地方的使用方式，市場因不符合居民的使用習慣，後來轉變為住家，這過程挺讓我好奇。位在市區與國廟附近，那簡單搭建的私人市場，符合消費者不愛進市場門的習慣，而門庭若市。

有時，我會藉由回訪地方，來尋求情感上的寄託。一直以為，只要不輕易關上心門，我們都能維持在記憶中。一切卻只是我的自作多情。在各自的世界，我們還是自己過自己的。

崙背成功路底的昇平戲院。

有了改變，再也不認識彼此。我和油車的分道揚鑣，怪在命運，與堅持相信的緣分。

崙背成功路底的昇平戲院，是我最愛的老戲院之一。斜屋頂，帶點 Art Deco 的風格設計，簡單卻貴氣。四年不見，原先入口、售票亭的廢棄雜物，越疊越高，甚至蔓延進戲院內部。有些老木椅，被大型家具壓著而扁平。斷裂的木頭，不注意會割傷人。踩在細碎遍布的戲院裡頭，每一聲都像是踩在他的傷口般，讓人心疼。

昇平戲院最早是於民國四十幾年在現址對面所搭建的竹子戲棚。後來，才在對面蓋了一棟混凝土的戲院建築。開幕時，可謂是萬人空巷，不少人排隊來戲院看電影，也有阿伯偷偷跟我說：「我們都偷偷進去看免費電影。」

或許是不想讓人看見，恢弘外表下，被拋棄的心有多痛。昇平戲院選擇闔上他的門，我們只能從側門進去，並迂迴的在裡頭行走，深怕踩到他每一個即將崩潰的神經。與西螺戲院相比，昇平戲院更像是間危樓，整個天花板都塌陷，後面木架的布景也倒塌。我不該拿兩間戲院相比，比較總是讓人不太好受，但昇平戲院至少還留著一些木椅。

【耐人尋味的小鎮變化】

戲院斜對面，有間「明芳冰果室」。冰品比上次來時多了不少，接待我的卻不是那時開朗的阿伯。還記得那時與阿伯聊著戲院，說冰店是在戲院開幕後就成立，結果戲院倒了，他還是堅持在這賣冰。少了阿伯的冰店，以及換了位置的「小歇早餐店」，即使保持著同樣的味道，卻耐人尋味。

戲院對面的明芳冰果室。

走在成功街上，舊市場搬遷後的空地，新蓋的樓房與對面的馬賽克樓房格格

崙背人的早餐與下午茶。

不入。熟悉的街道，我能細數這曾經是西裝店、米店，還有黑貓茶室，但招牌已卸下。曾在路上遇見一位語言不通、卻跟我手舞足蹈聊起天的阿嬤，這次來卻不見她的身影。一切也岌岌可危。門，在這趟旅程曾經打開，卻又因無言以對而關上。

想想我與這些地方的關係，就像舊情人一樣耐人尋味。我曾經天真的以為，他們都會一直待在那，為我敞開大門，可以互相交換陳年往事來回味，改變卻讓我措手不及，只留我一個人愚昧的看著一望無際的農田。承認後悔又不甘的我，與熟悉的鄉村氣味般，不相投但耐人尋味。

一開一闔間，我失去與地方相處的能力。

CHIAYI

帶我
等待時光，重塑生活

嘉義義竹、鹿草

鹿草下潭的雲龍宮。

傍晚時分，站在雲龍宮前的我，看著人潮開始聚集的廟前廣場，有些亢奮。婆婆媽媽在菜攤前挑選；下課的學生在炸物攤前等待；在城市沒看過的修理車，不是「修理車、修理玻璃」的修理車，而是名副其實的修理「車」，忙著為社區長者檢查腳踏車。

不同於我上回前來下潭的寂寥，騎行在鹿草和義竹，只有自己的喃喃。原以為可以脫離人群生活，經過這次不斷交談的旅程，我發現人聲能讓我在一陣孤獨後，有股安全感，才驚覺自己的能量有部分來自於他人分享的經驗。

【萬物皆變的時代，留下的都彌足珍貴】

過慣了台北的生活，我活得比時間還要匆忙，總是在憂鬱與猶豫裡穿梭。城市裡，關係忽冷忽熱，對時間的掌控就更加難以捉摸了。「我記得下潭曾經有家老戲院，對嗎？」核對著可能逝去的記憶，我打擾了忙著準備明早紅茶的早餐店阿伯。「就在福壽麵的對面。」這種交流的情感，穩定且踏實，讓我能在交談間更顯自在。

漫步到福壽麵門口，我還在對應兩年前的記憶。記得那時福壽麵不是在這側，沒時間詢問是否換過位置。門口阿伯說了一聲「我們的麵比對面的戲院還要老」，這句話就帶我重拾了那天關於福壽麵廠故事的問候。

我忘光了日曬的過程，即使問得多麼詳細，記不起來的，就該學會釋然。至少我還記得福壽麵是鹿草特產，傳承了三代，確實比戲院還久。我是這樣安慰著自己。不過這間「天一戲院」也不簡單，在萬物皆變的時代，赤裸裸的他，還留著彌足珍貴的露天戲台。

鹿草市區的「金山戲院」位在圓山宮附近的巷子，在那成排老屋的巷子底，有一間看起來與周遭不太搭軋的新樓房，就是原先戲院所在地。上次問了幾位路人，沒人知道鹿草曾經有戲院。這次問了市場裡的大哥，一下就給我標準答案。

下潭「天一戲院」留存的舞台。

【既然過去的回不來，且珍惜每一寸記憶】

執迷不悟的人，總是為自己增添包袱，而後迷路；也是因為迷路，才能讓運氣帶我走，到沒想過的地方。這是我每次在找尋地方記憶的感悟。看著下午只剩肉攤在忙的鹿草市場，原本害怕打擾，但禁不過裡頭老屋和老物件的誘惑，還是走了進去。

「原本市場是日治時期的木造建築，」肉攤阿姨這樣跟我說。「以前市場周圍都是老房子。」將市場當成自家曬衣場的阿姨悄聲說道，可惜了。時光是琥珀，晶瑩的過去回不來，我應該珍惜這些攤販們吐露的每一寸記憶。

願意讓我聆聽的，都視為最真實的，更何況是那些侃侃而談。在鹿草鄉少數的咖啡店「幕後咖啡」，我與老闆從台灣與中國的演員現況，聊到最近上映的《影后》，再聊到自己最近想寫的劇本，

鹿草公有市場。

最後回到不是虛構、而是正在上演的，老闆的人生選擇。老闆指著牆上的小紙條，上面寫著「劇本之本，一劇之本」，在眾多可能的人生劇本裡，他選擇了現階段最舒服、來自於心裡最真實的判斷。

「我只是選擇，我當下最舒服的選擇。」他能夠做的很多，從電影幕後行業回鄉的他，也曾經歷在求學之地開店的陣痛期。回到自己習慣的地方後，趁著人事物的換季期，在家門口擺攤賣咖啡。會有現在的規模，「是顧客要求的」，經過不斷調整，內部協商出自己與入座客人都能從容的樣貌。從店裡的電影看板、到格言，能看出老闆的喜好，也展現了這間店的個性。

我還是問了一些關於地方的嚴肅課題，但老闆的回答，給了我不同的思考路徑。地方是否創生，對個人來說，確實沒這麼重要。目的性極強的欲望，反倒會折磨未來。做著喜歡的事，不為他人強求，偶爾給客人來些驚喜，

幕後咖啡。

或許是這間咖啡廳能夠在觀光客較少的鹿草，屹立不搖的原因。

【和生活保持距離，才能看見不一樣的美】

看著牆上公家機關所設計對咖啡廳介紹的珍珠板，幕後咖啡還是默默為了這座被遺忘的城市保存了一些價值。「不三不四，又沒水」（用台語念更趣味），這是後堀社區的「順發禮餅舖」老闆對我說的，總結了鹿草商圈夥伴們，對所在土地的惋惜。不過他們也沒有為此氣餒，反倒成立了「鹿草風華特色文化商圈發展協會」，藉由 1+1>2 的想法，讓異業的店家合作，開發出不同的產品。

一起連結地方的老餅店。

與竹山村種植紅龍果的「和興農場」合作，這間從鹿草曾有的七、八間餅舖中脫穎而出的老餅店，開業已超過一甲子，傳承至第四代，仍願意開發出新的商品。我吃著當天熱銷、僅剩一小顆的龍鳳酥，走到後堀的樹

後堀樹德宮。

德宮。這間廟宇祀奉著陳家人渡海來台、攜帶著的祖神陳聖王。

昭和十一年（一九三六），陳姓族人共同捐金重建樹德宮，增建了兩旁護室與拜亭。這間廟的特殊之處在於，他兩側有著廟宇很少見的仿巴洛克式山牆，近看會被遮擋，遠望才能看清他的輪廓。就像是生活，我們偶爾跟他保持點距離，才能看見不一樣的美。在相接的三角仔，有間嘉義縣僅存的手工蒸籠老店「黃復興手工蒸籠」。

正要走進去參觀，老師傳出來跟我表達歉意。我沒有苦苦哀求或討好，我們都應該選擇自己最舒服的方式活著。做為唯一，壓力應該很大，雖然有驕傲感，但前仆後繼來參觀而不買的民眾，對過往只想好好做蒸籠的師傅，是生活的大轉變。我能理解他為何不讓來者參觀，畢竟沒有一個人或私人空間有義務主動扛起地方發展或串聯的重任，更何況是從小就跟著父親製作蒸籠的他。

到了現在八十四歲，還是可以兩天手工製作一個蒸籠，我們又何苦要求，他必須加入地方創生的陣容呢？還能夠聽到師傅與我們笑談風生過往，覺得時間對我很仁慈了。站在毛蟹行鐘福宮附近的大榕樹下，樹根像是綠色保護傘，讓我能夠好好的思考，與地方間的關係。我相信，是地方帶走我，而不是我帶走這個地方。

經過鄉公所前，腦海中突然閃過三隻鹿的畫面，突然懷疑自己上次旅行的記憶。繞到圖書館前，卻沒見牠們的蹤影。啊我記憶裡的是我的迷信、誤讀，或是憧憬？走進昭和十一年（一九三六）興建的鹿草庄役場，現為鹿草鄉立圖書館，披水的屋頂上，還留著當初興建時的棟札。棟札，是建築舉行上棟式時，所安放在屋架或牆壁上的履歷書。在新建、改建、維修或遷建時留下，都有可能。

嘉義僅存的手工蒸籠店。

鹿草天主教堂聖家醫院。

鹿草庄役場（今圖書館）棟札。

相較於亟欲證明自己的石碑，我反而覺得他是建築反問自己「我好嗎？」的過程。我們都害怕自己被忽略、拋棄，老屋也一樣，如果有人願意傾聽，不用再去自憐，一起回望過去，走向新的面貌。斜對面的鹿草天主教堂聖家醫院，在經過不斷的吶喊後，終於有了回應。

【為過往找到打開的契機】

民國五十年（一九六一），匈牙利籍的天主教神父葉由根與修士晁金名在嘉義鹿草的西井村，創建了聖家醫院及育英幼稚園。這是當時天主堂擴大信徒的方法，同時為社區帶來原先缺少的醫療與教育資源。

偏鄉的一角，醫院與幼稚園不以營利為導向：負責看診的葉神父與配藥的晁修士，為在地居民提供了免費的醫療資源與場域，而幼稚園也在期間為鹿草鄉的孩童提供了最初階的教育空間。直到一九七四年，葉神父轉往新竹服務，聖家醫院才交由晁修士負責。隨著交通與醫療資源的轉移，聖家醫院於民國八十五年（一九九六）退出了鹿草的舞台。

前次來，我為意外發現的廢墟陷入深深感動。那連接兩棟建築的空橋，還有水泥花磚，都在腦海中發酵。在網上意外得知，一群深感偏鄉教育重要性的年輕人，將要為這棟建築帶來新的契機。雖然目前還在整頓，但想著只要老能被肯定，願意為他付出，未來勢必會有好的回饋。

不少義竹人給我回饋，說他在念小學時，班上超過一半的人都姓翁。我有一位城鄉所的學妹，在看了我的文章後，詢問長輩，才知道她是少數從義竹遷徙到小琉球的居民。說到翁，不得不提義竹市區周圍那幾棟洋樓、古厝。翁清江古厝可謂是義竹最豪華的宅第之一，前方設置一座兩層洋樓，而後方則是有雙護龍的三合院。兩邊的護龍一長一短，算是滿特別的形式。

整座洋樓是以紅磚為主，用水泥點綴著窗台、柱式、山牆的造型。山牆的造

翁清江故居。

型相當西式，但沒有巴洛克的繁複，僅簡單的盾牌與花朵，有剛中帶柔之感。過了洋樓的三合院，紅磚拱門的造型相當大器，但正廳卻為木造，而廳前博風板上也有裝飾圖案。同樣是盾牌與植物裝飾，據說是象徵文武兼備，為翁家的家徽。

後方的翁慶春故居，上方匾額寫著「六桂傳芳」的堂號。「六桂」為洪、江、翁、方、龔、汪等六姓的總稱，代表同源一脈。原本翁家應該都住在六桂傳芳這間老祖厝，但在明治年間，時任義竹園庄長的翁清江與其弟遷出舊厝，委請總督府的技師籌劃前面那棟宅院，大正十一年（一九二二）才完工。

這棟六桂傳芳祖厝相當隱密，騎腳踏車經過時，仍會不經意往那看一眼。凹壽是最精采的地方，有六桂傳芳的堂號、相當別致且保存完整的

翁慶春故居。

翁慶春故居被記憶所困。

水車堵剪黏，以及身堵與對看堵的磚雕。很難想像，早已被大樹撐起的閒置古厝，還能保留如此生動的裝飾。

【與舊時代的拚搏】

然而，要適應一個地方並不是件容易的事。即使在這邊生活已久，甚至出生於此，情感或許能讓一切看似穩定，隱藏面是必須與世代或城鄉對抗所產生的困境。歌手蔡家蓁那首〈彼是你的期待　毋是我的人生〉歌詞，蘊含著對傳統的反抗，真實反映了這難題。「趕緊趁錢，毋通浪費時間，我攏共你計畫好勢」這樣的思想，一代一代傳了下去。

在義竹老街對面，有一家開了二十幾年的簡餐店「生活空間」，這裡的雞腿飯是不少義竹學子的回憶。

糖鐵義竹站。

或許吃一口雞腿，就能回到過去。然而，事實卻沒有想像中美好。年輕老闆因對餐點的情感及當時的衝勁，盤下了這家店。改造成符合這時代的模樣，卻敵不過長者對記憶的固執，無論是價格，還是地點。

這五年來，她無時無刻想收了這間店。故鄉的情感，以及還願意留在這裡的老員工，讓她堅持了下來。甚至，經由連結，在隔壁經營著「嘉義繪本之森」，為偏鄉小孩提供文化資源，也是對傳統包袱的拚搏方

義竹「生活空間」。

式。然而，人口外移的地方，一切難以撼動，到底該讓它繼續，還是無疾而終呢？

密集的聊天行程，那扇怕人敲的門被打破了。原來只要鼓起勇氣推開那扇門，即使有了橫衝直撞的傷痕，有機會還是快樂的。到了義竹車站，我想像自己搭上開往南方的糖業鐵路，坐上一列火車就往前開，一直往前開就不要往回頭，帶走想太多的心思。

TAINAN

停擺

時間快轉，擁抱真實

高雄新營、鹽水

學甲的頂洲聚落。

搭上火車，窄軌鐵路慢慢行駛過八掌溪，義竹與鹽水只能這樣靠近彼此。此外，只能凝視。然而，這都是過去式了。義竹與鹽水市區才短短四公里，義竹與鹽水凝視彼此。兩個地方的市區相當接近，也才短短四公里。在義竹進行訪問時，得知有些人不是在義竹市場買菜，而是到商品更為多樣的鹽水，亦有甚者，會開車到更具城市規模的新營，進行文化活動。

從蔦松路往北騎，會經過八掌溪南岸的汫水，他曾經是重要的淡水渡口。過了大橋，就會到義竹的五間厝，走這條算是鹽水到鹿草最快的方式，而鹽水到對岸只有這兩座橋，再來就要到菁寮的新塭。學甲沒有橋到對岸，要到嘉義縣挺麻煩的。以前頂洲還有渡口到義竹種田。到底是坐竹筏比較快，還是開車繞一圈比較快呢？旅途中，我總是自言自語，問些多數人不感興趣的問題。

【糖鐵連結著八掌溪兩岸】

兩地曾有糖業鐵路的連結。布袋線將新營、鹽水、義竹三個地方，渡過八掌溪連起，最後到靠海的布袋。這是明治四十二年（一九〇九），鹽水港製糖株式會社開辦的首條營業線，原先只到鹽水港驛。四年後，新設了岸內、義竹圍、安溪寮、前東港、布袋嘴等驛（火車站）。

當時的火車來往，班次不多，火車行駛速度不快。在廣袤的甘蔗田裡穿梭，是現代人難以想像的體會，如果將甘蔗田畫上可愛貓貓的圖案，觀光客或許會順道造訪這些散落在各地

岸內糖廠鐵路十字分道。

的糖業鐵路遺跡，進而重視。火車開上穿越八掌溪的橋梁時，乘客會感到新奇，還是害怕呢？畢竟這條起源於嘉義縣竹崎奮起湖的河水，因地勢關係，在入海於嘉義縣布袋之前，不僅分支甚多，還會不定期發生洪患，甚至造成河流溢出改道的情況。

民國八十九年（二〇〇〇）的八掌溪事件，讓那時還小的我，有段時間聽到八掌溪會不自覺顫抖。只能假裝自己看不到。台南溪北駐村期間，我將自己的計畫設定在邊界，八掌溪便成了我的親密愛人。從後壁到北門的橋都騎行過，時常站在橋上的我，幾乎看遍了每一個角度的風景。當然，這誇飾了。

我無法比較哪一座橋比較美，他知道我的完美主義，除了角度，也渴望捕捉時間與他之間微妙的潺潺。八掌溪知道我要的愛，便盡力在每個時段，努力讓光影在農人步步進逼的農作物間，形塑美妙的構圖，試著把我給寵壞。然而，我想他要的愛，可能不是這種依賴。一個真正理解他的人，才是他所需要的，像是定

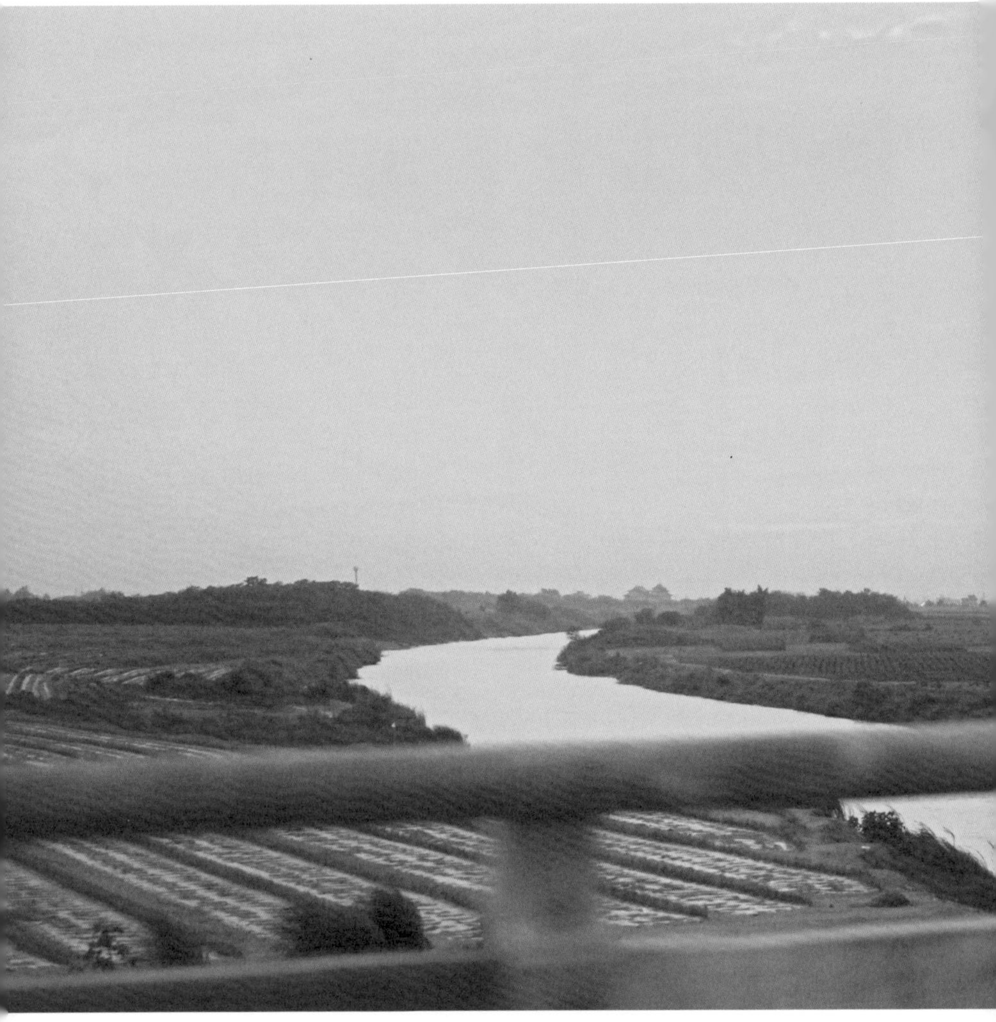

鹽水與義竹交界的八掌溪。

原鹽水港製糖株式會社岸內製糖所實驗室。

岸內糖廠內斯卡羅場景。

時出現、知道何時魚比較能上鉤的阿伯。

【困在年少的岸內糖廠】

義竹的糖鐵車站遺跡所剩不多，那裡曾有一大片甘蔗田，運送至對岸的岸內糖廠進行處理。明治三十六年（一九〇三），台南糖商王雪農等人創設鹽水港製糖株式會社，於台南州新營郡鹽水街設立新式製糖工場，但是現已沒在運作，反而轉型成影視基地的岸內糖廠。糖廠內，除了製糖時期的建築、器材與鐵路物件外，還多了不同時代的影視布景，甚至每棟建築都起了讓他自己困惑的名字。

岸內糖廠還將自己困在過去製糖的年少時光。在冬季，一絲絲的甜味會在小鎮上漫溢。我曾經在其還未成為影視基地前，偷偷翻牆進去，那一刻我與他皆

月津港燈節展於米倉的作品。

是蹺課逃學的少年。害怕如訓導主任的警衛會隨時把我擰出去，只能快速瀏覽每一棟建築：製糖工廠、貯料倉庫、中山堂，還有被列為文化資產的「原鹽水港製糖株式會社岸內製糖所實驗室」。

尚未被修復的他，或許不知道自己已經長大，快要成為鹽水人不熟悉的大支人。期待有天他能修補舊傷痕，越再生而越完整。離開岸內糖廠，走進鹽水市區。這裡的老，更早發生。鄭氏政權時，便有漢人沿著八掌溪逆流上岸，此處也逐漸成為船隻的集散地。鹽水有其他別名，如大龜肉、大圭壁，但還是月津港更讓人所知，這得歸功於那如夢幻盛典般的月津港燈節。

【躁動的元宵夜晚】

除了這個新創節日外，鹽水蜂炮也是台灣元宵節必去的節日活動之一。鹽水其中一間大廟是「武廟」，過去來自福建沿海的漁民，為了驅逐十九世紀末流行的瘟疫，便向關公祈求平安，並舉辦遶境活動。過程中，一路燃放炮竹，試著驅趕疫情。想想剛經歷過的新冠肺炎，想去的地方不能去，想見的人也不能見，想做的事一一被擱淺，就能想像這些在八掌溪沿岸維生的人會窮盡一切方法，解決難題。

後來經過推廣，蜂炮成為全台知名的元宵節活動。蜂炮最鼎盛時期，一些大餐廳或酒家都會在蜂炮城上爭奇鬥豔，而在鹽水逐漸沒落，有些店家向時間屈服後，這樣的奇觀成為鹽水人嘆息中的一口氣。那時的競爭無疑是鹽水人記憶中的戰場，每個人說出來看過最壯觀的蜂炮城都不一樣。人生的時間不多，能夠把台灣每個民俗活動都經歷過，如同爬高山登頂般困難。

我曾暗自在心中發誓，要體驗過全台不同的元宵慶典。卻常因壞心情走神。那年的元宵節，我身在鹽水，卻跟自己嘔氣，沒有出外感受蜂炮的名場面，而是躲在房間聽音樂看天花板療傷。外面轟轟四起，猛烈的程度是會把心給震碎的。火光不斷在窗戶旁燃燒、爆炸，轟天巨響讓我無法入睡。如此尷尬，就是無法馴服突發

鹽水的老酒家立面。

的情緒。即使成為了大人，靈魂還是如此躁動，想絢爛玩火，卻在陰影下焚身。

【擁抱與人的純屬意外】

直到凌晨四點吧，這座小鎮才回歸寧靜，而我在惆悵中悄然入睡，下一次能夠真正在蜂炮裡穿梭、奔跑，不知道是什麼時候了？隔天的鹽水相當寧靜，這是屬於鹽水人獨特的假日。我遊走在市場中，拍拍老物件。闖進一間魚丸店，老屋內裝潢陳舊，老機械獨自卻不顯空虛。或許也只有這種空寂的時刻才能捕捉得到。頓時與自己獨處也不是件壞事，落空之後的驚喜，才是純屬意外。

我用不輪轉的台語跟市場裡發呆的阿姨對話。她可能對我拍攝的物件感到好奇，畢竟就只是張椅子。我還滿常用這種手法引起長輩注意，有時故意，有時無意。不只對我的行為困惑，也擔心著我單薄的衣物，是否能抵擋嘉南平原冬天的低溫。

市場內魚丸工廠。

鹽水市場的老雜貨店。

鹽水套餐組合——阿妙意麵和義豐冬瓜茶。

「我台北來的，這裡不會很冷啦。」事實上，自以為南部再怎麼冷也比不上北部的我，晚上在房間的被窩裡發抖。阿嬤也為我解答，市場為什麼沒有人的疑問，「放完蜂炮，大家都休息兩天啦。」這讓我想到阿美族豐年祭後，需要休息幾天。慶典過後，既會歡樂，但也會疲憊。即使疲憊，屬於鹽水人的體貼，也溫暖了我的心。

我的道德感告訴我，人情味不該被地域局限，但在駐村期間，鹽水人幫了我很多，只能說聲「多虧你們啊！」。鹽水點心城的大哥，將自己家裡的厚實冬衣借給我穿，讓我在騎車遊晃鹽水時，得以保暖。我甚至覺得，是如毛毯般厚重的、對陌生人都能給予的細膩情感，為我抵抗寒風。

糖鐵的鹽水車站。

鹽水唯一的酒吧「赤兔製造所」。

熱氣遮蓋了眼鏡，我擦了擦，眼前出現的是燦爛的微笑。那種關懷，像是把我當成乾兒子般，無微不至。往後，每一次回鹽水（下意識使用了回這個字），阿妙阿姨都會說「又回家啦！」。吃著意麵配冬瓜茶，再走到月之美術館，觀賞小鎮裡難得的藝文場所辦的展覽。回家前，到鹽水唯一的酒吧「赤兔製造所」讓自己回神，已是不可改變的習慣。

【新舊前後相映的太子宮】

從糖鐵鹽水站，沿著糖鐵改建的自行車道騎，會經過新營的一大聚落「太子宮」。台灣很少有地名直接以宮名來取。這除了代表此廟香火鼎盛，也印證了這宮廟與地方的關係深遠。永曆十七年（一六六三）時，福建泉州有五人渡海來台，攜帶

新營太子宮舊廟。

著安奉神轎的太子爺神像、香爐、銅鏡等神器。或許是在太子爺庇祐下度過了驚濤駭浪的黑水溝，七天後抵達了台南安平近海。然而，太子爺只是吩咐他們繼續前行，最後抵達虎尾寮，再經小河道抵達月津港。

上岸後，他們走進一條彎彎曲曲溝渠的竹林荒地。原只想蓋草寮休息，但經太子爺夢中指點這裡為盤龍寶地，便選擇於此拓墾，並興建一小廟，祀奉太子爺。現在太子路上有兩間名為太子宮之廟，其中較小但為傳統木構造的是清光緒九年（一八八三）所建舊廟。昭和元年（一九二六）增建了前面的拜亭。

在護室鵝頭墜可以看到精緻的鳳凰啣花籃、門板格心則是透雕的螭虎團爐。除此之外，無論

新營太子宮。

糖鐵的東太子宮車站。

剪黏、木雕、洗石子石柱都值得一看。而門神則是著名彩繪大師潘麗水的作品。在太子宮聚落兩邊，分別有西太子宮車站與東太子宮車站，簡單的站體，如今更顯寂寥。

糖鐵最終將到達新營火車站。雖說曾是台南縣縣治，但縣市合併後，資源集中在台南市。不過，新營本身機能就已經夠完善，甚至有兩間會吸引外地人來的酒吧，以及嘉義以南藏書最豐富的「曬書店」，難怪在地人會戲稱這裡是很好的養老城市。

【懶得跟上時代腳步的鐘】

不過有些老，卻不能好好被對待。新營第二市場，從民國四十五年（一九五六）開始營運，是特殊的木造結構。最多時有上百間小吃攤，被新營人冠上了「夜市」

在牛下面的「持酒書室映像館」。

之名。因消費習慣改變，攤商多集中於改建後第一市場等原因，這裡相較之下沉寂不少。台南市政府於民國一〇三年（二〇一四）因應都市計畫，宣布第二市場廢市，再次來訪時，一部分已經拆除。

不過，我關心的還是第二市場前牌樓的去處，斑駁的字跡寫著新營第二市場，還有保持×××、遵守公共××的時代標語。牌樓上的鐘早已不翼而飛，無法知道最後定格在何時，但沈祖龍的題字，以及市場內那新穎與古樸對望的祖祠，見證了沈家做為新營大地主的歷史。

在新營這座遲疑的城市遊走，我總會想像許多老屋與物件過去的樣子，但他總會警告我「別深陷我那過去的臉」，曾經

即將拆除的新營第二市場。

他也以為存在於此的承諾是永遠。然而，每經過一個晝夜，就會有東西突然不見。我們怕老，城市也會怕老。畢竟我們都善變，歲月走了之後，我們都知道，或許沒意識到，過去珍惜的，已經不會再多看一眼了。

或許牌樓的鐘，停擺在最繁華的那時刻，對他來說，也是件好事吧！不用焦急的再跟著這個世界，時間快轉。可以的話，我也想讓自己停擺在最溫暖的那一刻，不顧時間。

輯

四

復返

•

來往間，我終將成為……

高雄旗美地區 • 屏東 • 宜蘭、羅東 • 花蓮、台東

KAOHSIUNG

轟雷
迷走山區，與橋相遇

高雄旗美地區

獨自在六龜獅頭山聚落爬行。

我反覆練習著，讓自己的身體能習慣在城市與鄉村遊移運作，不讓人覺得奇怪。思路，跟隨腳步，腳步跟隨著景象，在獅頭山蜿蜒道路上崎嶇的爬著。在沒有人車經過的山路，我偶爾想要截斷腦袋中飄過的每一個字句、每一字擔心、每一句嘲諷，而放聲大叫、唱歌。這些在都市中，會被當成異類的行為。我習慣在山裡，行為。

【旗山，不只有香蕉】

旗山是通往高雄內山的重要城市，從早期的旗尾鐵路到現代的公路網，都是內山地區的重要交通樞紐。我不少次前往高雄內山地區都是先搭到旗山、再騎 Ubike 到其他的地方，例如內門、美濃、杉林，最遠還曾騎過隘寮溪到屏東高樹。

羅漢內門就是現在的內門，羅漢外門大致等於旗山地區。楠梓仙溪於旗山出山，二重溪與之匯流於高屏交界之處，具有戰略地位。同時，旗山為屏東里港往內門、台南或繼續前進美濃、屏東等地的必經之處。

旗山的開墾，與明鄭時期原居於路竹、茄萣一帶的馬卡道族大傑顛社進入羅漢門地區墾居有關。朱一貴事件後，清朝政府改變原本對羅漢門地區消極的族群治理策略，使得一向紛亂的外門地區逐漸穩定下來。就此漢人開始入墾旗山，開拓了一些自然聚落，大傑顛社只好再度遷徙。

在旗山，我住在「台青蕉香蕉創意工坊」樓上的背包客棧。店內販賣著各式香蕉創意特產，還有台青蕉的簽名，相當有意思。騎著腳踏車，晃到擁有香蕉王國盛名的「溪洲」。原以為溪洲只是小聚落，沒想到是一個地區，包含五個里：上洲里、鯤洲里、大山里、中洲里、南洲里。

旗山的香蕉彩繪。

【一路的洋樓訴說著曾有的繁華】

從旗南二路沿著中洲路這條舊路，往南到旗南三路，走路也要半小時。更何況沿線有一堆老宅、街屋、洋樓、廟宇，喜愛迷走的我，怎麼走都走不完。在抵達最後一個聚落「上溪洲」時，月亮都升起來了。

整個旗美地區，過去共有五間戲院，其中有台鐵設站的旗山，以三間數量為最多。那時旗山有「舊戲院」旗山戲院、「新戲院」仙堂戲院及位於溪洲地區的「大洲戲院」。目前旗山只剩大洲戲院還能看到建築體。

戲院是由郭振勝先生在戰後興建完成，原名大合作戲院。大洲戲院約略是在民國八十年（一九九一）左右結束經營，而結束營業後的幾年，僅於每年的三大節日過年、端午節、中秋節才有演出，最後整個結束營業，則改為倉庫使用，成為居民重要的記憶。

在香蕉興盛時期，溪洲聚落內最熱鬧的區域，就在大洲戲院，周邊有食堂（餐廳）、鐘表行、布行、

旗山溪州的大洲戲院。

溪洲的柯家洋牌樓。

甚至有茶室等。我揣摩著戲院的心境，或許就像許富凱那首〈我毋是你想的遐爾快樂〉這樣唱著「鬧熱的城市，寂寞倚佇窗仔邊，外面足繁華，心拍開是稀微」。

光緒年間所建的鯤洲宮，內有柯瑞玉所捐贈的「北辰合宮」匾額，還有一座石製香爐。在鯤洲宮附近的鯤洲街有一座柯家洋牌樓，即使深夜，那牌樓還是讓我願意摸黑前往。

柯家是因溪洲地區日治時期繁盛的香蕉產業而致富，在柯塗時期興建這棟溪洲最大間洋牌樓。原本以為是路燈的關係，才讓洋樓看起來黃黃的，仔細看才發現，立面本身就是黃色洗石子工法，山牆上寫著 DOUSAI，讓人摸不著頭緒。

柯家洋牌樓隱身在柯家古厝後面，不過被樹叢圍籬擋住，無法近觀，滿可惜的。而鯤洲宮

鯤洲宮旁的葉家洋樓。

旁的葉家洋樓，這棟由葉家祖先奇梅於昭和七年（一九三二）完工的洋樓，邀請了中國師傅承包建造，加上凸出的陽台，讓整體造型更為典雅。

【這裡也有內湖和木柵】

往內門的地勢起起伏伏，每一段上坡都在期待等下的衝刺。剛開始很好玩，時近中午就開始疲乏，沒看到聚落就猛買水喝。回程的時候已經六神無主，車頭不聽操控，開始自由擺動，惹來後面的重機騎士一臉嫌。

騎上實踐大學的山坡後，在一座橋墩旁，我休息了一會兒。腳疼痛不已，但若不是騎腳踏車，也不會發現這被樹叢藏著的老橋。這是橫跨二仁溪的「二層橋」，溪水流到此之前，會經過與台北內湖、

往內門的山路。

木柵地名相同的地方，而在木柵那有一座「木柵吊橋」。之後，二仁溪會繼續在內門區內擺曳，最後流向龍崎地區。

內門畢竟是台三線經過的鄉鎮，馬路寬，車流不大但快，好幾次看到老屋返回，差點被迎頭撞上。不過，內門老屋留下的不多，就連古厝都略顯樸素。同安藥房的建築大概是大街上最醒目的吧，後面有藥師阿伯後來新加的三樓。

內門的舊二層橋。

藥房連著幾棟以前都是米行，旁邊那棟的門清楚可見米行的樣式。而藥房原先是做為米行的倉

內門少有的咖啡廳「中埔 59」。

內門的同安藥房。

庫，民國五十五年（一九六六）從中醫學校畢業的藥師阿伯選擇在家鄉執業，看著後面幾乎沒變動過的藥櫃，不知道下一代不繼承後會跑去哪裡。

離開內門市區時，遠方突然一陣轟雷。正緊張內門有沒有地方躲雨，查到在靠近紫竹寺附近的中埔路上有一間「中埔59」。這是間有一甲子的老屋，是內門難得可貴的咖啡廳。可惜我經過

杉林圓潭的天德門。

時沒開，只能再繼續騎到寺廟躲雨。

至少下了快一小時的雨，我吃著冰、穿著雨衣在紫竹寺附近玩耍。雨停後，順勢往下，再往北轉縣道二九，趁還有體力，往杉林方向前進。圓潭地區有古厝「天德門」，半拱形門樓，上面有對稱的獅子，樣式相當可愛。

【黃家江夏堂，楠梓仙第一家族】

日治時期，圓潭有農場的設置，不少來自美濃或竹苗的客家人，便落腳在月光山下，客語名為「雞油樹下」的小聚落。天德門的陳家，便是從新竹遷移至圓潭的客家人。在人口外移的情況下，地方居民有感於客家文化難以在鄉村持續呼吸，便成立「雞油樹下客屬文化發展協會」，讓文化能夠維持喘氣。

從旗山到杉林，要經過楠梓仙溪。過去雨季靠竹筏、乾旱季則鋪設便道。後日本政府因油田公司在甲

月眉橋紀念碑、吳萬順「翁頌德碑」。

江夏堂的半月池。

仙發現大量油氣，為了運送探勘鑿井機具，及預料日後應需運輸油品，遂於日昭和七年（一九三二）由高雄州委由甲仙油田試掘事業處，著手進行吊橋架設事宜，於日昭和十一年（一九三六）陸續竣工。月眉橋雖然重建過，但在一旁的月眉橋紀念碑及吳萬順翁頌德碑，能佐證這段故事。

位在月眉里的黃家江夏堂夥房是境內較知名的古厝，不過，生活的樣貌讓他失去了老舊感。黃氏家族於乾隆末年來台，先入墾美濃竹頭背庄，後入墾新庄。十九世祖創立黃氏嘗會（祭祀公業）於楠梓仙，多年累積的產業讓他躍居楠梓仙第一家族。

江夏堂占地廣闊，半月池的設計非常客家。因位處螃蟹穴風水，所以當初在設計建築時，對應了螃蟹的形狀。黃家占據杉林歷史極為重要的位置，除了擔任官職外，月眉樂善堂過去做為六堆鸞堂的重要地位也很值得了解。

【不是杉林溪的杉林區】

旗山糖廠月眉原料廠。

騎行時，一直以為月眉是杉林的市區，那裡有連鎖超商、傳統超市、數間連鎖飲料店。當我騎過月眉里時，發現綠牌上寫著杉林市區還有一公里，才發現我錯了。月眉里是後來因外環道興建所成形的類市區，真正的市區還要再往前走一點。那條名為山仙路的街道，才是杉林的市區。

杉林區公所現在位置，過去是杉林唯一的戲院「平都戲院」。沿途經過旗山糖廠月眉原料廠，此原料廠是因為日治中期旗尾工廠製糖能力提升，旗山內山地區拓展原料採取區，上平里附近的平原被株式會社買收獲申請成為蔗作農場，也吸引不少人來此移居。

山仙路挺長的，這麼長的街道要成為老街確實有其難處，而且街上的老建築並不多。山仙路做為杉林過去繁華的街道，曾滿街都是商號，以前甲仙人到旗山、美濃都得經過，假日時還會堵車呢。自從外環道開通後，商機都往那去，留在山仙路且還開店的，都是默默做生意的老店。

訪問餅店時，大哥有一句話讓我滿有感觸的，「我們附近的美濃、旗山、甲仙很多人知道啊！但大家就是不知道我們杉林，還以為是杉林溪。」月光山那傳來陣陣嗚聲，我是雨神嗎？「雨有時停，有時袂停，生活伊攏徛佇頭前。」我在騎樓下看著居民來去，與水順著屋簷飛落，幾滴雨飄在身上，我向後退。想起這首歌，而這就是生活吧。

【不停蜿蜒於河道間，與橋相遇】

說到高雄，應該很難想像有什麼部落，畢竟港口城市的意象太深了。然而，

六龜的光華戲院。

荖濃文化工作室。

在高雄的深山，像是那瑪夏、桃源有較少人知的拉阿魯哇族、卡那卡富族。而六龜則是以荖濃大武壠族群（Tivorang）為主，也成立了平埔文化工作室，透過策展、體驗和部落走訪，告訴來訪者，關於他們的故事。

荖濃並不是這群大武壠族群首先聚集之處，關於他們從哪裡遷移而來，有兩種說法，但都指向了玉井。大武壠族群的遷移，及漢人對山區開發的深入，與其他早已將此地視為生活領域的族群，對土地與環境、甚至生活方式開始進行溝通。

若觀老地圖，會發現即使到日治末期，六龜的市街仍集中在六龜里那區。即使昭和五年（一九三

自來水廠建築。

石龜公。

〇），連結著濃溪東西兩岸的六龜大吊橋完工，聚落也沒有大幅擴張，可能與當時還是以河運為主有關吧?!民國五十七年（一九六八），供客運行駛的六龜大橋落成啟用後，兩側才形成商圈，甚至有兩間老戲院的出現。

六龜的第一間老戲院「六龜戲院」，就位在六龜大橋橋頭，雖然現已拆除，但公車站名仍留下他的名字懷念。民國五十九年（一九七〇），光華戲院才設立。光華戲院的選址很特別，從六龜大橋走過來，似乎僅維新街有幾間商家。沿途會經過石龜，和有著特殊通風口的自來水工廠建築。

除了原住民之外，六龜不少聚落都是以客家族群為主。六龜起初為南鄒族與布農族的傳統領域，但鄭氏政權帶來的漢人，影響了西拉雅族在平原的生活；遷移後，又影響到以大武隴族的芒仔芒社往

六龜新寮菸樓。

上｜六龜新寮的百年古井咖啡。
下｜六龜新寮的墓塚式伯公。

荖濃溪方向移動。不過，荖濃溪豐沛的沖積平原同樣誘使漢人再次遷徙。族群的遷徙，因為關係而忽近忽遠。

新寮社區，有古道連接著新威森林公園，兩點成線的旅遊路線早已發展。社區裡有古厝、百年雜貨店、菸樓、兩座百年古井，甚至古井上還有墓塚式伯公。穿越了芒果田，我到荖寮溪岸邊看那已經沒有橋身、只剩下橋柱黯然支撐的新寮吊橋。

隔著荖農溪，對岸就是屏東縣高樹鄉。

兩岸間，在建橋之前，都是靠人力船來往兩岸。站在這個湍急的歷史節點，轉頭盡是芒果樹。遠方的山巒，讓我再次回憶在旗美地區這幾天，不停蜿蜒於河道間，與橋相遇。

橋上的我，被湍急的河水，衝擊著我苦待於城市的心。而我學會把地方當成「類情人」，做一個在你孤單時，給予溫柔的人。

六龜新寮吊橋。

PINGTUNG

晴時

ucevungi anga，正來尞

屏東

旅行中的我，自言自語。說是自言自語，也不太對。我將環境中的任何景色或物件，都視為要熟不熟的朋友。我怕尷尬冷場，只好不斷與他們說話。舉個例來說，屏東沿山公路（一八五縣道）上玉環新村天主堂上的十字架，記憶卡裡就有好幾種不同拍攝他的角度。

【人口外遷的孤影】

新埤的玉環天主堂。

每一個角度，我都會與他對話許久。這裡所說的對話，不是社會學科上的抽象形式，而是實質性的講話。我會跟他說「這個角度的你也好美」、「我們再來一張，好嗎？」，或是走在聚落邊緣時，突然地回眸，呆想個幾秒，「容許我再拍一張嗎？你和聚落之間若即若離的美，我想要試著拍下來。」

這座由來義溪畔鵝卵石興築而成的教堂，為當時被安置在此、從事萬隆農場事業的披山島軍民及曾為製糖會社員工的馬卡道族的住民，共同興築。從旅人的眼光看他，鵝卵石縫隙間吐出的風及灑落的光共同形塑，屬於他的呼吸。呼吸隨著新村的人口外移，日漸緩慢，很怕他突然靜止。

沒有人說話的我，不間斷尋找他更美的樣子。不是出自於我的專業，而是他對我的憐憫，憐憫我騎腳踏車走遍了幾乎整個屏東，卻依然形單影隻，沒有人可以跟我說說話。我其實沒這麼享受孤單，只是這個人設，很難打破。

說到孤單，讓我想起在潮州駐村的一件往事。我都快忘記了，但怎麼能忘？我挺自責，這個記憶沒有適當的儲存，而不是像幽靈遊蕩在海馬迴邊緣。

我應該更重視的。

那天晚上，騎腳踏車從潮州到崁頂的一座小村莊。冬天的夜晚來得太快，但任性與時間對抗的我，還是堅持要把這個聚落走完，路燈讓我還能辨識老屋的細節。

當我在端詳一間老屋時，後面傳來微弱細小的女聲，「我家的老屋更美，你要不要也去拍看看？」晚上、冷風、莫名的要求，讓我警覺性的轉頭，幸好一切不是鬼故事，但我卻將聽到比鬼故事更讓人想哭泣的故事。其實，拍完這間老屋就想回潮州吃晚餐，但阿姨的一句話卻讓我站在那，與她聊了半小時。「好幾次

崁頂的古厝。

都想把我躺在床上的老公掐死。」

行筆至此，我又陷入深深的內耗中。難過自己僅是路人，只能站在那聽阿姨講完她有多恨她的老公，然後說些冠冕堂皇的話安慰。她多恨這個該死卻讓她無力逃離的村莊，每一次想跑的念頭，都被保守氣息的流言蜚語遏止。藏在心裡的這些念頭，像被堵住的水庫，直到碰見我這個在暗黑出現的陌生人，才得以一口氣將那些最真實的情緒宣洩。

臨走前，阿姨邀請我下次有空，可以到她家的老屋拍拍照，「我家老屋更美」，她依然大力推崇。即使冬天的屏東，沒有台北這麼冷，但突然背負一個祕密的重量，讓我喘不過氣，甚至哭了。我想，該換季了。在市區買了新外套的我，沒有回去那裡，雖然很想知道阿姨過得怎樣，也還記得那個約定，但想要和人說話的我，卻不想背負太多。

潮州防爆通信指揮所。

我沒有責任心，我知道。

【昭和時代的陸軍飛行場】

回程在潮州光春路，看見一大片草原，中間卻有個像是吳哥窟般被樹根包圍的東西。我不確定那是什麼，礙於時間，只能隔天早上前來看看。這塊占地廣大的基地，日治末期被開闢成陸軍飛行場。

潮州在昭和二十年（一九四五）時遭受美國陸軍第三十八轟炸機大隊的轟炸，那時有三十幾架轟炸機飛往嘉義後，再南轉至潮州，主要就是轟炸這座飛行場，但連附近的竹田、萬巒都遭殃。

飛行場附近的農地有一座潮州防爆通信指揮所，便是昨晚看到的景色。冬天休耕時，遠處觀望這座被巨樹藤蔓包圍的指揮所遺址，在荒地中特別醒目。繞

潮州第二市場。

潮州的劉氏洋樓。

了一圈想要找到入口進去看看，但他就像被枝枒保護般，防衛著外人。

原諒我沒有能力保護別人。

走了台灣這麼多地方，書寫了不少要拆的老房子，甚至親身實踐展開行動，但我有保留著什麼嗎？沒有。後期的我，不間斷地拍，與那些將被拆掉的建築對話，試著安撫他們即將被拆掉的情緒，像是潮州第二市場。而潮州那棟車寄欄杆上印有「RIU」的劉氏洋樓，是我掛念的懸案。

在經歷過這些事情後，我開始反思，是否一直用既定印象看地方。屏東的冬天不會冷。這次來潮州，我篤定不用帶冬衣，晚上騎回來，全身都在發抖，只好去老街區的「咪丸媽泰式奶茶」，找件外套，買杯熱奶茶。下次來屏東，我還是忘記天氣這件事。

放下那些自以為的習慣。

我自以為騎腳踏車穿梭在農村，可以比更多人了解聚落。這是自以為是，如果真的了解，我怎麼到現在，還不知道潮州火車站後方的煙囪曾經是什麼？怎麼會讓鑲嵌在背後的人際關係讓我感到恐懼？我繼續往其他聚落遊走。

【你們的記憶就很珍貴啊！】

麟洛，一座相當靠近屏東市的地方。周圍建案往外圍村莊擴張，不知道是尋找較低的交換價值，還是麟洛、長治已經快要成為屏東市的衛星城市，都快要沒有自己的個性了。

在尋找被拆除的「京兆堂」時，阿伯說：「麟洛離屏東市區太近，老屋都被拆掉了啦！」雜貨店老闆娘問我，「麟洛沒什麼，怎麼會想來這邊。」每次被問到這種問題，我都會下意識回答，「你們的記憶

潮州後火車站的無名煙囪。

麟洛巷子裡的南洋屋。

就很珍貴啊！」看著他們驚訝的眼神，我會感到開心。

這是知識分子的傲慢。

沒尋找到京照堂，但永達巷裡有形狀像火恐龍角的平房卻讓我感到好奇。一旁的住戶，跟我說那是過去印尼華僑所住，被稱為「華僑屋」。冷戰時期，東南亞國家將華人與共產黨視為同類，對華人的排擠越顯劇烈。

有機會搭船漂洋過海的人，算是幸運的，就此落地生根。現在有不少人知道，中和華新街可以吃到緬甸的金三角、文山區那麼多的越南料理店，與越南華僑來台居住政策有關。印尼在九三〇事件後，有兩艘船載滿了目睹族群暴力的印尼華人來到基隆，再輾轉遷到龍潭和屏東長治、麟洛。原本有自己的小聚落，後來逐漸融入客家聚落中。

麟洛的八卦碑。

我在麟洛的香蕉田間，騎著腳踏車繞啊繞。最後在一座小土地公廟旁，確定了興建於昭和五年（一九三〇）八卦碑的位置。原本在拜拜的村內大哥，聽到我在尋找八卦碑，主動帶上鐮刀，為我劈開眼前的阻礙，直到我們站在一塊約有兩公尺高的巨大的石碑前。

我在旁凝視著碑體和大哥虔誠膜拜的身影，讓我想起彭佳慧的客語歌〈歸來〉，她對家鄉的思念是如此明確，「麟洛个臨暗就像一幅畫」。如此恬靜的氣氛，夕陽緩緩消失在大武山巒間。

【生生不息的水圳大壩】

八卦碑的作用是為了時常氾濫的古隘寮溪。在堤防建立前，夏秋之際此地經常氾濫，進而形成深潭，先人認為這樣會聚集瘴癘之氣，便建了一八卦陣水碑，阻擋晦氣蔓延旁邊的新庄地區。

冬季的力里溪。

力里溪水圳。

而在排灣族為主的來義與春日鄉，日本工程師鳥居信平於大正十一年（一九二三）興建二峰圳與力里溪水圳。兩圳分別利用林邊溪上游和力里溪的河床，構築地下堰集水廊道，來匯集地下水，解決了屏東旱季缺水的問題。

兩圳的工程設計原理大致相同，被認為應是同一位日本水利工程師鳥居信平所設計。有趣的是，鳥居信平為嘉南大圳之父八田與一的帝大學長。兩人用各自擅長的伏流水、大壩灌溉了台灣南部的田地，至今還生生不息。

力里溪水圳主要是供應大響營農場，但在原鄉進行工程還是得徵求頭目同意。在他積極斡旋之下，甚至讓部落族人願意從事興築水圳的工作。目前被登錄為文化資產的部分，只有那近乎與石壁鑲嵌的第二進水塔，能夠遮擋雨季力里溪暴漲時湍急水勢

春日鄉石頭營。

的衝擊。親自走在冬季枯水期的力里溪河床上，看著紅磚就像鐵壁般，只能佩服著工程師的遠見與族人建工的辛勞。

有些工程，勢不可擋。

【不僅強勁還很冷的落山風】

恆春半島的海岸適合現代兩棲登陸作戰，在二次大戰末期，日軍評估美國可能從屏東沿海登陸台灣，便將重兵集結在屏東，建構了縝密的防禦工事。然而，美軍的跳島戰術讓台灣倖免於難，卻留下占地龐大的二戰軍事襲產。

當時日軍認為兩方的決戰點會在春日地區，便將戰鬥司令部設於春日鄉石頭營深山中，平常軍團大本營在潮州，行政辦公室則徵用了萬巒知名的萬

在滿州騎車被落山風吹打。

金聖母聖殿。從這可看出，屏東在二戰時期的重要地理位置。戰鬥司令部雖然因跳島戰術沒有發揮效用，但內部空間所形成的堡壘形式，還是令人歎為觀止。

他就不像第二進水塔這麼幸運。日軍構築的石頭營要塞，離我上次造訪石頭營已經兩年，都還在繼續討論。而我也依舊會穿著「搶救石頭營」的衣服，在台北街上跑步。

我不怕冷。

我常這樣誇下海口，但這只是大男人主義的驅使。冬季的屏東是會冷的，只是比較慢冷。在

滿州「吳物」咖啡與選物店。

春日市區，等我被落山風擊倒之後，平時愛自言自語的我，都被吹得啞口無言。落山風不僅風速強，還很冷，冷到想找個地方避避，順便看看有沒有人能與我聊聊這場破風。在滿州市區尋找避風港時，看見群山環繞的盆地，有這間質感獨特的咖啡廳，還是默默停下腳踏車。

滿州並不是她的家鄉，出生於台南，卻因工作喜歡上了這裡的環境。短暫回都市後，仍習慣不了大都市的煩躁，便毅然重回滿州，開了這間帶有自我風格的咖啡廳「吳物」。捨棄一部分店面改放自己蒐集的玩具，以及吧檯前擺放的各式攝影雜誌，能看出老闆的興趣及率性。

當初在活化這棟老屋時，最花心力的是將被漆上層層塗漆的木門恢復原樣，這是她對這棟老屋的堅持。就像簡單的菜單，甜點只有布丁和奶酪，因自己喜歡吃，就這樣分享給旅人。臨走前，也是貼心叮嚀我，「晚上了，騎回家要小心。」想想，已經好久沒去滿州了。

其實，有些壓力是我想多了，我們都是搭乘

人生地下鐵的過路人。偶爾會彼此述說故事，但更長時間，我們只能背負自己的故事。何其有幸，我還能守著他們的故事，該知足了。

至少在屏東的日子，我沒有遇過下雨天。

如果還想要再暖和一點，那就回到春日吧！在這樣一個部落，有間媲美星級餐廳的溫暖小廚「春日廚房」。這裡原先就是男主廚媽媽開設「阿蓮小吃部」的地方，接手後，將原鄉美食和西餐巧妙結合。更採用屏東當地的食材，或許吃春日廚房，你的味蕾就代替雙腳走過了沿山公路，依偎著大武山，感受他雄偉且溫柔的那一面。

又過了一天，太陽如常升起，我們向著可以看到日出的地方，飛翔吧！可以的。

YILAN

小雨

等待初晴，刻骨銘心

宜蘭、羅東

面對自己的傷口，我們通常能異常憐惜，但對他人的傷口，通常不想，甚至不願過問。事不關己，還是大多數人與其他人維持關係的準則。除非這個傷口，能夠引起八卦的好奇心態，我們傾向將別人的煩惱當成娛人的工具。再次受傷的他人，只能帶著面具，在這暗潮洶湧的社會，默默生存，啃噬自己的傷口，不願相信還有人能重視。

【幸福現在的下落】

文化廊道。

獨自旅行很孤獨，但某些情境卻會讓人真實的想啃食無盡的傷口。宜蘭羅東的「長樂巷」是我一次雨天走路閒晃在羅東時，為了躲雨，無意闖入的異質地方。巷子裡的每一家戶，窗戶內或門外都坐著一位年過半百的阿姨。雖然看得出年紀，但她們的氣質相當特別，每個人像是經過美姿美儀的訓練，儀態相當端正。我沒有任何心理準備，在這可以遮雨的廊道，準備慢行時，被坐在家屋前阿姨的問候嚇到。什麼樣的問候，有走過花街的朋友們應該能夠想像。

我只是很簡單的回答「我來旅行的」，阿姨也很客氣地跟我點頭。這是我在出社會後，第一次感受到「說實話」沒這麼困難，不需要裝腔作勢，也不需要上演內心無數個小劇場，藉此來服膺怎麼樣才是適合這個環境的姿態，不會讓自己像是異類。走在這裡，反而讓我安心不少。或許我們彼此都知道自己「都不怎麼好過」，看過許多人的阿姨，應該也看出我對生活的疲憊與不滿。對彼此憐惜，也互相的不打擾。

走完康樂巷，回頭看。其實這就是尋常的小巷，沒有任何茶室或卡拉ＯＫ招牌。與附近的巷弄並無太大差異，唯一的不同，是家屋一樓的大門不是打開就是半掩，沙發或座椅直接擺放在門後，阿姨們就在那坐著，看著電視、吃著午餐，或者呆呆望著街道。時近中午，可能也不會有什麼客人吧。

而不帶任何目的踏入的我，打破她們習慣的日常，卻換來再一次的落空。然而，她們卻用輕描淡寫地微笑，接受現實的為我化解內心的尷尬，讓人相當感激。

少了份戒心的我，不過問這條街的異質狀態，其實這也是老城平常的生活場景，而這也就只是份工作。「從來不過問，幸福現在的下落」。

【曾經燦爛輝煌的花街柳巷】

百合花妓女戶招牌。

走出康樂巷，右轉到附近的慶安宮拜拜，對面有一間民房的粉紅色招牌寫著「百合花妓女戶」，看那斑駁的招牌，以及肖像女子的髮型，頗有年代。這是我第一次看到直接寫出「妓女戶」的招牌，台北、桃園都是寫茶室或卡拉OK，我不清楚這是時代還是地區性差異，但阿姨們泰若自然的神情，讓我更在意這地區的產業。回去查了些資料，歷史紀錄寫著康樂巷性產業最輝煌的時期，是在民國六〇年代，幾乎早上六點就開門營業。

羅東的性產業歷史應該可以推前至成為林業集散地之後，工、商人群聚的過程有關。光是在一九四〇年代，羅東鎮就有四十多家酒樓。做為木商交際所，不只在康樂巷，附近的義和巷也頗多酒家，其中位於南門港的東雲閣酒家之設備可說是最豪華。然而，最輝煌的時候已過去，根據二〇一八年的資料，羅東有四家合法的性空間，包括「水仙閣」、「百合花」、「月成閣」、「松月屋」，而在我書寫文章的今年，已經沒有任何一間妓女戶是存在的了。

這使我心裡感到不安，會不會有一天，阿姨她們會像牆壁一樣，日日夜夜地逐漸剝落。特別是那嚮往平淡的心，終究在法規的限制下，靜止而後滅亡，卻無關乎歲月或青春。康樂巷所在的仁和里，過去又稱「後街」，不知是否與萬華寶斗里一樣被豔名所擾，或純粹是為了改善社區環境，近年也開始進行後街整頓。多了旅遊觀光常見的藍曬圖和社區彩繪，不知道有沒有很多觀光客來此，但精心將後街設為時光廊道，卻忽略了部分的故事。我想大部分的人還是選擇隱藏，沒有人願意說實話。

【那個水道潺潺的年代】

被掩蓋的不只是羅東的性產業，還有那蘭陽平原遍布的自然水道與人工圳道，都是平原上被人忽略的歷史。在當代宜蘭的水文面臨了不同命運，像「二結圳」早已成為文化資產，宜蘭市在幾年前就已拆蓋，甚至成為重要的休憩景觀。而羅東呢？大家一定想說羅東有水圳嗎？其實羅東的發展與「南門港（圳）」極有關聯。南門圳為源自於冬山鄉鹿埔地區的天然湧泉。南門圳不僅提供用水，也成為天然護城河。

阿東社渡船頭。

在羅東國小旁有一條路為清潭路，清潭兩字洩露了過去這裡曾有水道潺潺流過的歷史。清代時陸運尚未發達，南門圳便有航運功能。貨物從基隆送至頭城，然後分運至利澤簡，再利用小型船隻過十六份圳運送生活必需品到羅東的船仔頭，進而使羅東發展成溪南的重要貨運買賣中心。清潭路上有一塊大石碑寫著「阿東社渡船頭」，有著平埔族大遷徙的故事。嘉慶年間，從台中、彰化一代的岸裡社頭目，於嘉慶年間帶著其他族群遷往噶瑪蘭。而在石碑所在地，則是來自彰化和美的巴布薩族阿束社，遷來蘭陽的定居地。

日治時期雖然陸運開始發展，但南門圳仍是羅東市內重要的灌溉、生活用水來源，甚至太平山木材的流動部分也靠他。此外，因為羅東林業的興盛，南門圳周邊也成為著名的風化區，使得羅東成為商業、服務業取勝的小鎮。水岸風景也成為羅東知名的景色，甚至一九五〇年代，博愛醫院前的河道還曾舉辦過龍舟賽！

開元市場。

戰後，羅東因都市口擴張和發展，南門圳的水源受到污染。再加上羅東市區需要較大的馬路來疏導車流，水圳開始加蓋成為清溝路和南昌街，羅東開始見不到潺潺流水。對了，如果要尋找南門圳的蹤跡，一定會看到宜蘭溪南地區最大的批發市場「開元市場」。這裡在日治時期是實業家波江野吉的住宅，戰後成為聯勤被服廠員工居住的金陵一村。民國五十三年（一九六四）該地興建開元市場，據說以前二樓還有保齡球館，但室內市場還是不符合消費者習慣。因此，可以看到開元市場前熱鬧的攤販，延伸至醫院前方。

這個社會要隱藏的傷口還真多啊！就像這些人們曾經賴以為生的水道，做為傷口，被無數彎彎曲曲折折的路經過，沒有人會在意，他曾經多麼有用，或他現在到底有多痛。如果要尋找南門圳，可以到羅東火車站後站，那裡有十六份圳自行車道可以通到源頭。而在羅東市區裡還有另外一條水圳「月眉圳」，用他或開或合的傷口，告訴我們，這社會的傷從來都沒有結痂過。

月眉圳（又稱金瑞安圳、北門圳），發源於冬山鄉廣興附近。嘉慶二十二年（一八一七）開鑿水圳，以通水灌溉。月眉圳與南門圳同為羅東的重要灌溉水源，而前面提到南門圳渡船頭，那時有大量米糧出口。在羅東木業發展前，曾有米倉之稱。月眉圳也因都市人口擴張與發展而加蓋，不過，明渠的部分還是比南門圳多了不少。像是中山公園內的河段，還有些則成為羅東巷內的後屋風景。

「小雨初晴」甜點店。

【該沉默，抑或說實話】

「你若了解我，就別怪我不夠灑脫」。有這些傷口不斷反覆流血、戳破、疼痛，卻被當成都市毒瘤遮蓋，不肯說實話的城市，怎能怪他們不將自己完整的掩蓋住呢？畢竟誰都不夠灑脫啊！每次來到羅東都會遇上下雨天，心想著這些城市的傷口地景，我都會到小雨初晴這間咖啡廳，安靜地坐著，看著窗外狠狠落下的雨滴，默默為他們禱告著。

「小雨初晴」在羅東一個幽默的圓環旁邊，如果沒有走到這座小巷子，不太會知道這裡有一個不合尺度功用的圓環。小雨所在的老屋過去是雜貨店，社區地圖還

宜蘭市陳金土醫師宅。

宜蘭戲院。

記載著，忘記把他改成甜點店了。

由戰後老屋所改建，圓環旁三角窗的位置，可謂正中紅心。路過的人很難不注意他大片的落地窗，配上復古的磁磚，還有從外頭滿到室內的綠意。讓饕客在享用美食的同時，能夠感受自然與人造環境的結合。

吃著蛋糕，看了一場下雨天。活到三十歲，回望這一路上彎彎曲曲、顛顛倒倒。即使外面陽光普照，內心依舊傾盆大雨。我不敢說出心裡的需求，只能屈就他人，或逃跑。現在，我後果自負了。

繁華終究會停擺，停擺後，所有的船都不開了。我想起宜蘭市那兩棟精采但卻被遺棄的老屋。有著弧形山牆，氣勢輝煌，但設計中帶有一絲歡樂感。在當時算是相當前衛的「宜蘭戲院」，以及那間有著土黃色洗石子、磚木混合的「陳金土醫師

月眉圳。

宅」，他們還淋著雨嗎？還是早就不用淋雨了呢？

雨停了，向認真做甜點的老闆說聲「再見」，他的微笑像是剛睡醒的太陽。我在心中許願。希望所有的事情都能雨過天青。

甜點店旁邊有一排老屋，過去稱為紅瓦厝。清代時，羅東街上以茅草屋為多。傳聞有廖姓居民，在中山西街與月眉圳南，興建紅瓦厝，此地被稱呼為「紅瓦厝仔」。

紅瓦厝在清代時，曾是福祿派樂園總部基地。還沒有受到家庭污水污染的月眉圳，相當清澈乾淨。當時有一名為陳水塘之人，汲取月眉圳泉水製酒，經營著羅東製酒公司，直到大正十一年（一九二二），收歸專賣為止。

現在只能隱約看出他的樣子。而在瓦厝後方，便能看到硬是把傷口掰開給大眾看的「月眉圳」。我走過去，小聲跟他說聲：一切都會過去的。

雨後，噶瑪蘭的風吹來。

HUALIEN, TAITUNG

隨風

放過自己，自由來去

花蓮、台東

從長光部落看海梯田。

風，在我耳邊呢喃。初來乍到東海岸的幾天，或許我還沒跟他自我介紹，我們兩個都不懂彼此，所以我聽不懂他在跟我說些什麼？這幾年，我會不時憂鬱，不知道自己什麼時候、會因為什麼事情而難過，這是對即將來臨所感到的恐懼。照我對未來迷茫的慣常作法，選擇將自己藏起，不讓人瞥見哭腫的眼睛，也不將壞情緒帶給別人。我習慣一個人遊走著。

偶爾，心情比較穩定時，我會沿著海岸線跑步，或者在可以看到出海口的橋上隨著音樂跳起舞。我不用撕扯傷口給他人看，證明我有多痛，而是把大海與群山當作觀眾，將最私有的自我，表露給他們。我的肢體傳遞著我的情緒，面山面海，不用糾結選擇，他們無限包容我，最私有的樣子。

長虹橋。

我也會搭乘公車，往北或往南在任何一個部落下車。走了一圈，再到部落裡唯一的咖啡廳或雜貨店坐著，感受部落與咖啡廳異中求同的氛圍。沒有明定我要到哪個部落，就是公車來了我就去一個自己從未到過的部落晃晃。在往部落走上去的途中，都會被那層次分明的太平洋吸引。

想離開，但卻轉不過去啊！

【不住花蓮的人很難想像】

在長濱居住的交通不容易，但很方便。該怎麼解釋這樣的矛盾呢？班車雖然少，但卻固定，不需要像台北如此急匆匆。大概抓好時間，打開公車動態，在悠

玉里大地震後的臨時便橋。

然的到公車站牌等車，一切就如老屋石棉瓦上的小鳥這般愜意。當我得知有公車來往縱谷與東海岸兩邊，我更驚喜，這代表能去的地方更多了。說走就走的旅行，就是這樣開始的。

我唯一沒有搭到公車的那一次，是玉里大地震後的某天。很難去責怪，畢竟這土地遭受到的一切，不是居住在花蓮的人很難想像。我是一名漫遊者，都能感受到不少居民陷入深淵，但他們眼裡還是有光，那是我很難達到的韌性。說原住民天性開朗，是種微型歧視。我在貓公部落，也曾遇過極度憂鬱的返鄉小說家。每次與他擦肩而過時，兩個I人的碰撞，臉上尷尬的表情難以控制。

面對無常，部落依舊如常，即使在市區，不少在地人，也是樂觀看待。地震之後，我在玉里

玉里璞石閣公園的風騷市集。

貓公部落的輪掃草體驗。

參加過騷騷市集和山海市集，都是海岸山脈兩邊的年輕人，自己組織辦起的活動。在花蓮最艱困的時候，他們仍積極想方法。即使外地人來的還是不多，但自己開心也很重要。我還不是一個成熟的大人，就被迫擠進這個社會，努力不要活成別人討厭的樣子，卻還是只能將就、討好，甚至逃跑。

那我何不讓自己快樂呢？

【玉里這個尺度難以界定之地】

遊走在城鄉之間，大小市集都走過，在玉里這個難以界定他尺度的地方，所辦的市集，不像都會的大品牌市集需要人坐鎮，營造某種噱頭，或刻意且難以親近的時尚感。這裡如同逢年過節到朋友家拜訪般親切，而這些朋友也端出他們的私房心意，像懶人院的玫瑰涼粉、金喜檸檬酸甜的檸檬汁、九日良田不能只淺嘗即止的點心、花子採自家檸檬的氣泡飲、大島東市設計的植物裝置、玉里夜生活據點「深夜咖啡」誘惑人的調酒。這樣的串聯，讓整個南花蓮更為緊密。

除了地震外，玉里在日治時期曾有一段暗黑歷史，駭動人心的花蓮玉里戰俘營。花蓮在二戰時有兩個收容所——花蓮港為四號，玉里為五號。菲律賓美軍總司令喬納森・溫賴特投降後，曾待過花蓮港、玉里和木柵戰俘營。

玉里戰俘營於昭和十八年（一九四三）四月所設，大概只設了兩個月，玉里第五分所就移轉至木柵的小山上。有文化工作者對玉里戰俘營做了考證，做為戰俘之一的荷蘭將領 de Fremery，在關押時畫了張營區素描，那是個單層平房式的大型營舍。

可能因為時間短暫，玉里老居民對戰俘營不一定有印象，現在這裡只是一片

玉里難得的夜生活場景——深夜故事餐酒館。

玉里台鳳工廠和戰俘營遺址。

草叢，沒有任何紀念碑，也找不到任何像遺址的物件。木柵戰俘營是被資本刻意忘記，麟洛戰俘營卻被居民惦念著。而這裡或許是不願想起，甚至連附近的台鳳工廠都已在荒煙蔓草中，找不回來了。

附近的中華路上，有棟曾被媒體戲稱為玉里總統府的建築，頂上的小塔樓十分醒目，不知道過去會不會是玉里鎮上的地標。這是玉里信用組合，現在的玉里農會超市。大正六年（一九一七），玉里支廳幾位地方仕紳創立了有限責任玉里信用組合，為玉里地區第一間金融機構。

兩年後因業務不振，改組保證責任玉里信用購買販賣利用組合，除了處會之外，還加入販賣事業，經營才步上軌道。昭和十九年（一九四四），

玉里火車站台鐵宿舍。

玉里信用購買販賣利用組合建築。

民間信用組合收歸地方機關，成為玉里街農業會。如果是騎車經過的朋友，可能會被超市招牌遮住立面，走到對面才會看到塔樓、女兒牆欄杆、拱圈等造型。

玉里信用組合應該是花蓮地區最早的鋼筋混凝土建築，除了沒被招牌擋到的立面部分外，再往後走可以稍微看到洗石子的車寄。雙柱式且柱子底部較大呈內縮形狀，不只有氣勢，且很有造型。兩年前好像有申請修繕，但不知道進度如何。信用組合旁還有一棟氣勢磅礴、美援時期建立的二號糧倉。有些紅磚已經剝落，但那扶壁看起來強而有力，地震過後依然挺立。

每次在玉里火車站等公車時，我都會去看看一旁的玉里鐵道宿舍建築群。過去曾有保存的爭議，目前看來只有幾間被列為建築保存，還沒列的，屋主心急的拆除，怕無法再掌控屬於自己的部分。每一次看到

玉長公路來往山海之間。

他的變化，與記憶不一致時，那些攔不住的不捨，逼使我在人走茶涼後，把事態看得更透徹。

【東海岸，這面海的價值，無價】

遊客通常都選擇搭台灣好行，僅停大景點而方便的旅行方式，還是多數人的所愛。喜歡在部落閒晃的我，會搭乘一天僅三班的八一八一到成功，與簡慶芬下玉長隧道右轉不同。我會猶豫要不要在寧埔下車，而後左轉往長濱。

若坐到成功，我會在影集《不夠善良的我們》林依晨所飾演的簡慶芬，與許瑋甯所飾演的 Rebecca 再度相遇的成功漁港，呆坐著，思考自己的優柔寡斷與不坦白。再到「眺港咖啡」點杯枸杞咖啡，讓自己心情安穩些。

菅宮勝太郎故居——高安醫院。

成功鎮的眺港咖啡。

老闆十分聰明地結合自己的中藥知識，讓中西醫在空間進行飲食的時空對話，凸顯老屋歷史並塑造咖啡廳特色。此外，眺港咖啡保留了當初「高安醫院」的格局。店內色調清爽明亮。雖然外觀是國防色，內部卻以綠為主色，卻讓我有近海淡藍的安寧感。

一旁的兩層樓木造老屋，放眼東部，在日治時期可是相當高級的建築。若以現代角度看，這面海的價值，應該可以賣個好價錢。不過，東海岸可不是能隨便圈地的。原本接獲總督府調職的命令，但菅宮勝太郎深耕成功許久，有他情感上不願離開的理由，竟辭職定居新港。原先暫居於警察宿舍地的菅宮，在同年興築了這棟兩層樓的日式建築，以表明自己永遠定居於此的決心。

東海岸的美，吸引著不少氣質特別的異地人定

長濱寧埔的懶人院。

藝術家 Lafin 工作室裡的木舟。

居，像是熱愛唱歌的小賴，在面對烏石鼻美麗海灣開著嘎嘎嗚賴賴；玉長公路旁的懶人院，大樹下雜貨感氛圍的咖啡廳，內裡卻藏著老闆二人對旅客的溫暖與關心，還有那讓人魂牽夢縈的甜點。以及那位在長濱市區到「書粥」，五年多來持續有來自各地的換宿店長，與固定來店裡的小朋友一起讀書。

因為他們，讓我也想為東海岸做些事。

曾訪問過東海岸傑出的藝術家 Lafin Sawmah，對當時他在長濱三間屋所經營的 Laboratory 實驗平台交換了意見。還沒等農會收回這塊潔白無瑕的藝術場所，Lafin 卻因一場意外，與他最愛的大海相伴。知道 Lafin 對造舟的執著，也一直與其他國家的南島民族切磋製作木舟的技巧。雖然尚未啟航，但我知道延續他對海洋文化的堅持，現在只是換個方式航行著。那艘木舟跟隨著他，在我們看不到的地方。他，成為偉大的航海者。

長濱水圳。

【只要內心平靜，風和就會日麗】

三間屋附近的真柄部落，有長濱大圳的遺跡。從真柄部落，沿著產業道路往山上走，會到達春不老園區。族人在移居時，看到部落不少野生的春不老。擅長以植物來取地名的阿美族人，便將這個地方命名為「cimuyan」。春不老園區往部落方向走，會看到真柄最氣勢的峽谷景色、瀑布與珍貴的水管道襲產。走下前人興建的天梯，與膽戰心驚的水管道，只能佩服前人開墾的勇敢。

水管道。

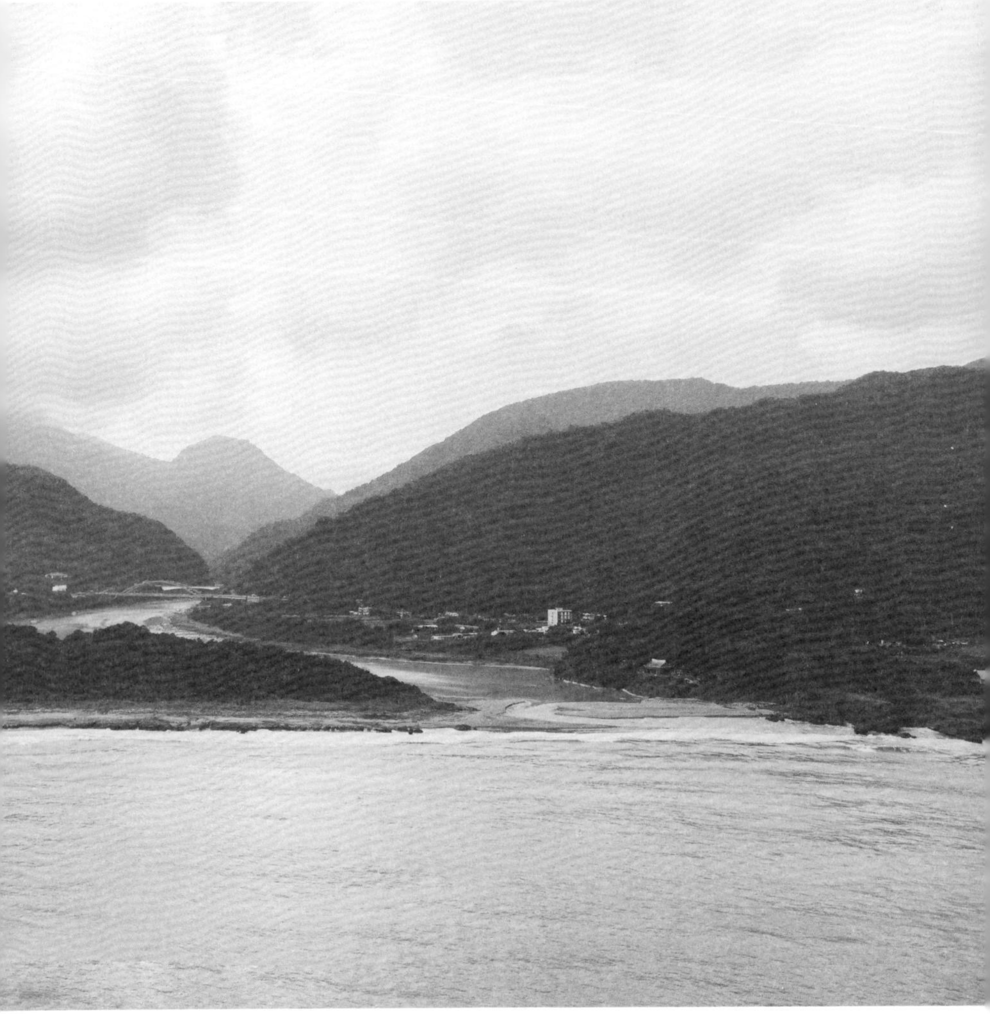

靜浦部落空拍看溪卜蘭島。

啊！是風，把我帶到了北迴歸線以北的豐濱。同樣的海，卻有著更為蜿蜒的地勢，忽高忽低，映照著我心情的患得患失。耳朵經過的風對我小聲細語「那只是一點小失誤，何不把他當作禮物呢？」。在貓公部落做一個輪傘草杯墊，從不斷重複勞作中，有得有失，心存感激，也許我找該放過自己。

在邊界的靜浦部落，有一座必須靠膠筏才能上岸的小島。島嶼的名字在各政權下有自己的脈絡，清代時的芝舞蘭、泗波蘭、薛波瀾。日治時期，出現了「辨天島」之名，與十九世紀日本航海家辨天町文助的奇幻之旅有關。

戰後，出現的「獅球嶼」則是早期外省官員給他的稱呼，畢竟阿美族沒有獅子的印象。當地人則稱呼他為Lokot，描述這座島歷經風雨都不動搖的堅毅不屈狀態。而現在則稱為奚卜蘭島。

看著眼前的孤島，偶爾才有膠筏停靠上岸，我似乎無法維持這樣的狀態。買了部落唯一的「佳佳早餐」。我在發呆亭等待著日出。阿洛的那首〈Faliaw〉在我耳邊輕聲呢喃「Kati kati kati kora fali」。

我若能幻化成風，能自由來去，也許就不會一直攤在兩點一線。也不用尋思著路徑，想著我到底是誰、我從哪裡來、我歸屬於哪裡。只要內心平靜，風和就會日麗，隨風所欲，一切終將有頭緒。

我是，Fali。

豐濱靜浦的佳佳早餐。

靜浦部落山海間，隨風所欲。

MS1074

走進老地方的時光機
台灣巷弄祕境的前世今生

作　　　者❖ 地方賊
美 術 設 計❖ 萬亞雰
內 頁 排 版❖ 李偉涵
總　編　輯❖ 郭寶秀
責 任 編 輯❖ 林俶萍
行 銷 企 劃❖ 力宏勳

事業群總經理❖ 謝至平
發　行　人❖ 何飛鵬
出　　　版❖ 馬可孛羅文化
台北市南港區昆陽街 16 號 4 樓
電話：886-2-2500-0888　傳真：886-2-2500-1951
發　　　行❖ 英屬蓋曼群島商家庭傳媒股份有限公司城邦分公司
台北市南港區昆陽街 16 號 8 樓
客服專線：02-25007718；02-25007719
24 小時傳真專線：02-25001990；02-25001991
服務時間：週一至週五上午 09:30-12:00；下午 13:30-17:00
劃撥帳號：19863813　戶名：書虫股份有限公司
讀者服務信箱：service@readingclub.com.tw
城邦網址：http://www.cite.com.tw
香 港 發 行 所❖ 城邦（香港）出版集團有限公司
香港九龍土瓜灣土瓜灣道 86 號順聯工業大廈 6 樓 A 室
電話：852-25086231　傳真：852-25789337
電子信箱：hkcite@biznetvigator.com
馬 新 發 行 所❖ 城邦（馬新）出版集團
Cite（M）Sdn. Bhd.（458372U）
41, Jalan Radin Anum, Bandar Baru Seri Petaling,
57000 Kuala Lumpur, Malaysia.
電話：+6(03)-90563833　傳真：+6(03)-90576622
電子信箱：services@cite.my
輸 出 印 刷❖ 前進彩藝有限公司
初 版 一 刷❖ 2025 年 01 月
紙 書 定 價❖ 480 元
電子書定價❖ 336 元
I S B N❖ 978-626-7520-61-1（平裝）
E I S B N❖ 9786267520604（EPUB）

國家圖書館出版品預行編目 (CIP) 資料

走進老地方的時光機：台灣巷弄祕境的前世今生 / 地方賊著 . -- 初版 . -- 臺北市：馬可孛羅文化 , 2025.01
288 面；14.8×21 公分
ISBN 978-626-7520-61-1（平裝）
1.CST: 人文地理 2.CST: 臺灣
733.4　　113020645

城邦讀書花園
www.cite.com.tw